Impressum
Verlag: BABADADA GmbH, Nedderfeld 112 , 22529 Hamburg
Geschäftsführer / Verlagsleitung: Harald Hof
Druck: Books on Demand GmbH, In de Tarpen 42, 22848 Norderstedt

Imprint
Publisher: BABADADA GmbH, Nedderfeld 112 , 22529 Hamburg, Germany
Managing Director / Publishing direction: Harald Hof
Print: Books on Demand GmbH, In de Tarpen 42, 22848 Norderstedt

1

σχολείο

school

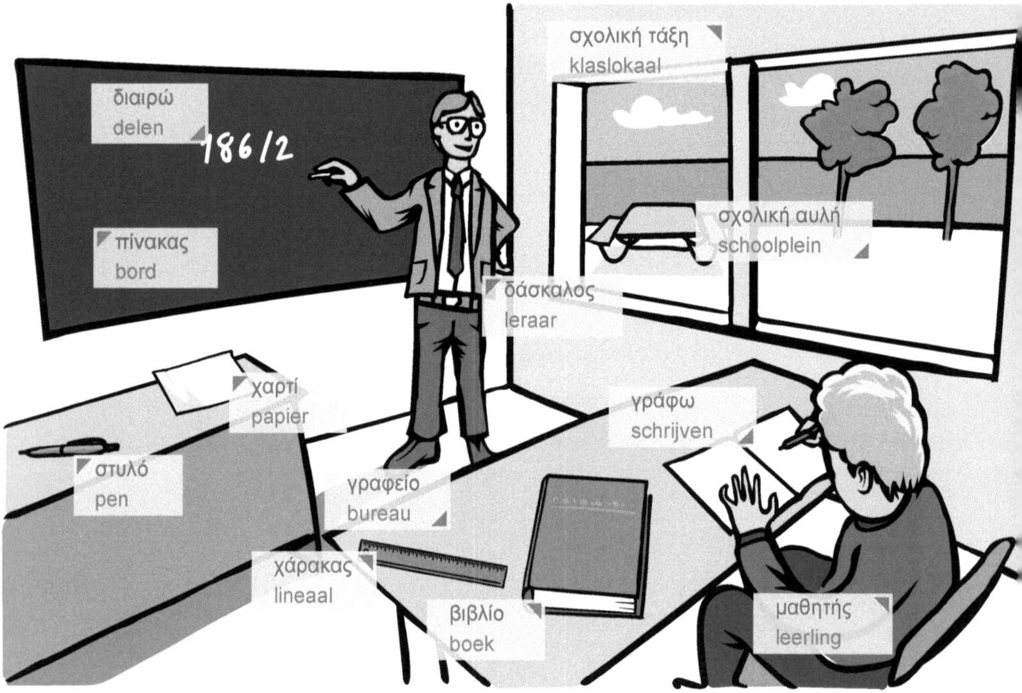
σχολική τάξη
klaslokaal
διαιρώ
delen
186/2
σχολική αυλή
schoolplein
πίνακας
bord
δάσκαλος
leraar
χαρτί
papier
γράφω
schrijven
στυλό
pen
γραφείο
bureau
χάρακας
lineaal
βιβλίο
boek
μαθητής
leerling

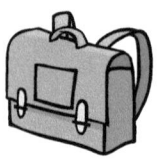

σχολική τσάντα

schooltas

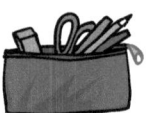

κασετίνα/ μολυβοθήκη

etui

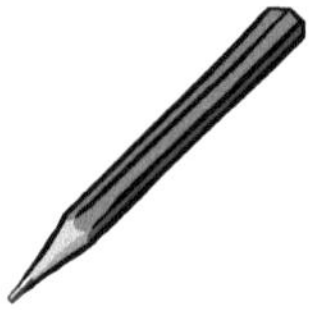

μολύβι

potlood

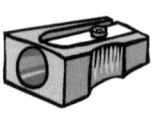

ξύστρα

puntenslijper

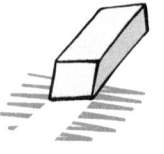

γόμα

gum

μπλοκ ζωγραφικής

schetsblok

ζωγραφική
tekening

πινέλο
penseel

κουτί χρωμάτων
verfdoos

ψαλίδι
schaar

κόλλα
lijm

τετράδιο ασκήσεων
schrift

εργασία για το σπίτι
huiswerk

12

αριθμός
getal

2+2

προσθέτω
optellen

5-2

αφαιρώ
aftrekken

2×2

πολλαπλασιάζω
vermenigvuldigen

υπολογίζω
rekenen

A

γράμμα
letter

**ABCDEFG
HIJKLMN
OPQRSTU
VWXYZ**

αλφάβητο
alfabet

λέξη
woord

κείμενο

tekst

διαβάζω

lezen

κιμωλία

krijt

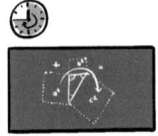

μάθημα

les

εγγράφομαι

klassenboek

τεστ

examen

πιστοποιητικό

diploma

μαθητική στολή

schooluniform

εκπαίδευση

opleiding

εγκυκλοπαίδεια

encyclopedie

πανεπιστήμιο

universiteit

μικροσκόπιο

microscoop

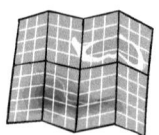

χάρτης

kaart

καλάθι αχρήστων

prullenmand

ξενοδοχείο
hotel

ξενώνας
hostel

ανταλλακτήρια συναλλάγματος
wisselkantoor

βαλίτσα
koffer

αυτοκίνητο
auto

βαλίτσα
koffer

γλώσσα
taal

ναι / όχι
ja / nee

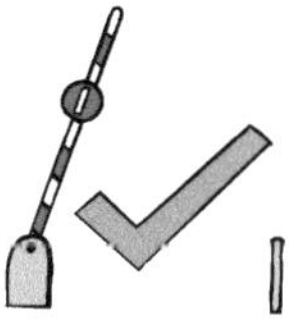

εντάξει
oké

γεια σου
Hallo!

μεταφραστής
tolk

Ευχαριστώ
Bedankt.

πόσο κάνει ;

Wat kost ...?

Δε καταλαβαίνω

Ik begrijp het niet.

πρόβλημα

probleem

Καλησπέρα!

Goedenavond!

Καλημέρα!

Goedemorgen!

Καληνύχτα!

Goedenacht!

Αντίο

Tot ziens!

κατεύθυνση

richting

αποσκευές

bagage

τσάντα

tas

σακίδιο πλάτης

rugzak

καλεσμένος

gast

δωμάτιο

kamer

υπνόσακος

slaapzak

σκηνή

tent

τουριστικές πληροφορίες

VVV-kantoor

παραλία

strand

πιστωτική κάρτα

creditkaart

πρωινό

ontbijt

μεσημεριανό

lunch

δείπνο

diner

εισιτήριο

kaartje

ανελκυστήρας

lift

γραμματόσημο

postzegel

σύνορα

grens

τελωνείο

douane

πρεσβεία

ambassade

βίζα

visum

διαβατήριο

paspoort

τaξίδι - reis

μεταφορά
transport

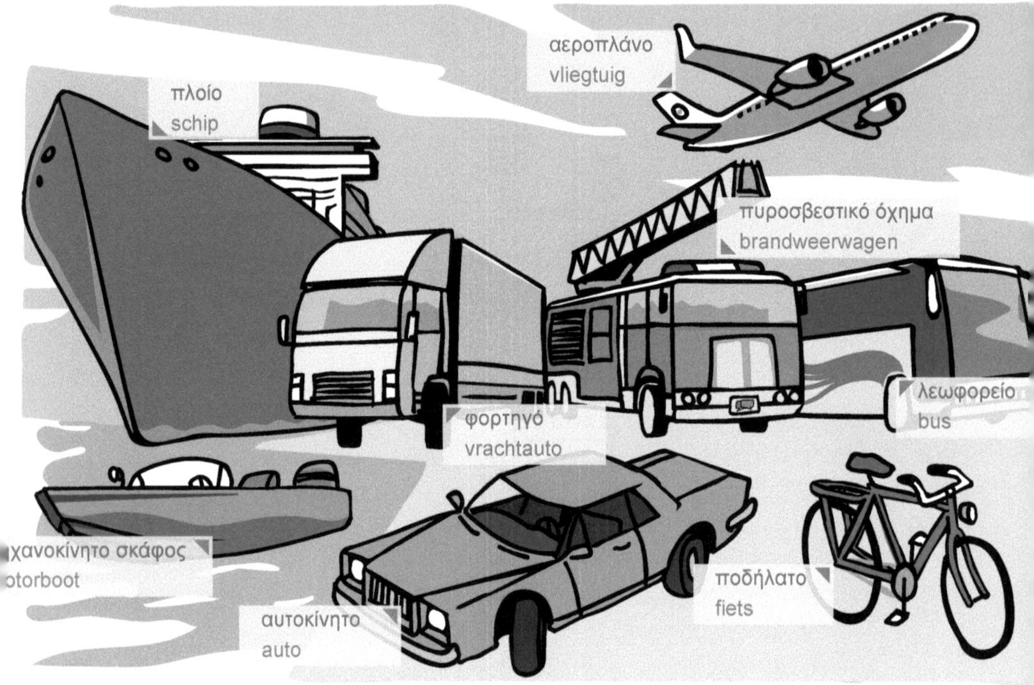

αεροπλάνο
vliegtuig
πλοίο
schip
πυροσβεστικό όχημα
brandweerwagen
λεωφορείο
bus
φορτηγό
vrachtauto
χανοκίνητο σκάφος
otorboot
ποδήλατο
fiets
αυτοκίνητο
auto

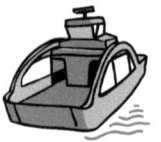

φεριμπότ

veerboot

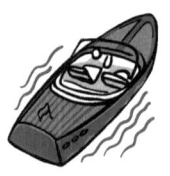

βάρκα

boot

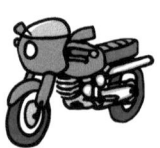

μοτοσικλέτα

motorfiets

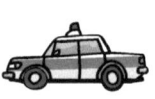

περιπολικό

politiewagen

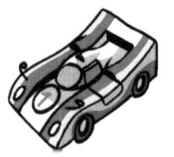

αγωνιστικό αυτοκίνητο

raceauto

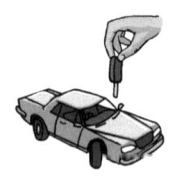

ενοικιαζόμενο αυτοκίνητο

huurauto

διαμοιρασμός αυτοκινήτων
carsharing

γερανός
takelwagen

απορριμματοφόρο
vuilniswagen

κινητήρας
motor

καύσιμο
benzine

βενζινάδικο
benzinepomp

πινακίδα σήμανσης
verkeersbord

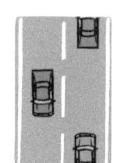

κυκλοφορία
verkeer

κυκλοφοριακή συμφόρηση
file

χώρος στάθμευσης
parkeerplaats

σιδηροδρομικός σταθμός
station

σιδηροδρομικές γραμμές
rails

τρένο
trein

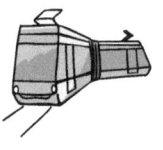

τραμ
tram

βαγόνι
wagon

ελικόπτερο

helikopter

αεροδρόμιο

luchthaven

πύργος

toren

επιβάτης

passagier

εμπορευματοκιβώτιο

container

χαρτοκιβώτιο

verhuisdoos

καρότσι

kar

καλάθι

mand

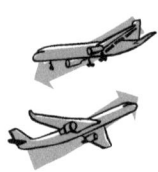

απογειώνομαι /
προσγειόνομαι

opstijgen / landen

πόλη

stad

χωριό

dorp

κέντρο της πόλης

stadscentrum

σπίτι

huis

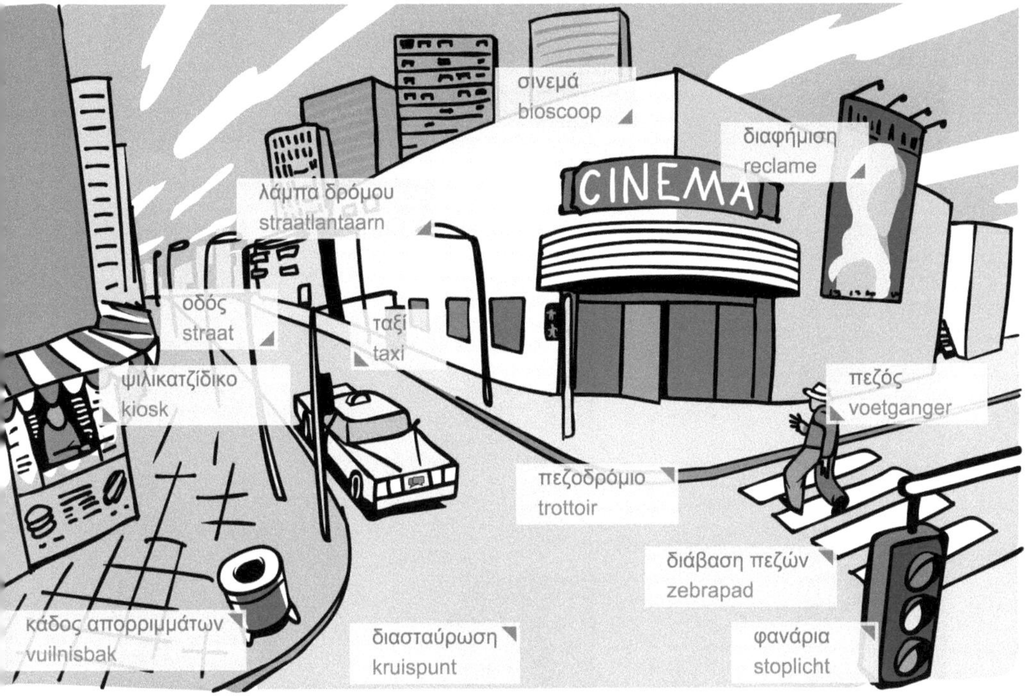

σινεμά
bioscoop

διαφήμιση
reclame

λάμπα δρόμου
straatlantaarn

CINEMA

οδός
straat

ταξί
taxi

ψιλικατζίδικο
kiosk

πεζός
voetganger

πεζοδρόμιο
trottoir

διάβαση πεζών
zebrapad

κάδος απορριμμάτων
vuilnisbak

διασταύρωση
kruispunt

φανάρια
stoplicht

καλύβα
hut

διαμέρισμα
appartement

σιδηροδρομικός σταθμός
station

δημαρχείο
stadhuis

μουσείο
museum

σχολείο
school

πανεπιστήμιο

universiteit

τράπεζα

bank

νοσοκομείο

ziekenhuis

ξενοδοχείο

hotel

φαρμακείο

apotheek

γραφείο

kantoor

βιβλιοπωλείο

boekenwinkel

κατάστημα

winkel

ανθοπωλείο

bloemenwinkel

σούπερ μάρκετ

supermarkt

αγορά

markt

πολυκατάστημα

warenhuis

ιχθυοπωλείο

visboer

εμπορικό κέντρο

winkelcentrum

λιμάνι

haven

πάρκο

park

παγκάκι

bank

γέφυρα

brug

σκάλες

trap

μετρό

metro

τούνελ

tunnel

στάση λεωφορείου

bushalte

μπαρ

bar

εστιατόριο

restaurant

γραμματοκιβώτιο

brievenbus

πινακίδα δρόμου

straatnaambord

παρκόμετρο

parkeermeter

ζωολογικός κήπος

dierentuin

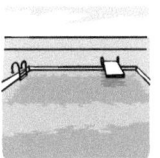

πισίνα

zwembad

τζαμί

moskee

αγρόκτημα

boerderij

ρύπανση

vervuiling

νεκροταφείο

begraafplaats

εκκλησία

kerk

παιδική χαρά

speelplaats

ναός

tempel

τοπίο
landschap

φύλλο
blad

πινακίδα κατεύθυνσης
wegwijzer

δρόμος
weg

λιβάδι
weide

πέτρα
steen

δέντρο
boom

πεζοπόρος
wandelaar

ποτάμι
rivier

χορτάρι
gras

λουλούδι
bloem

κοιλάδα
vallei

λόφος
berg

λίμνη
meer

δάσος
bos

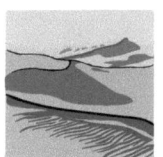

έρημος
woestijn

ηφαίστειο
vulkaan

κάστρο
kasteel

ουράνιο τόξο
regenboog

μανιτάρι
paddenstoel

φοίνικας
palmboom

κουνούπι
mug

μύγα
vlieg

μυρμήγκι
mier

μέλισσα
bij

αράχνη
spin

σκαθάρι

kever

βάτραχος

kikker

σκίουρος

eekhoorn

σκαντζόχοιρος

egel

λαγός

haas

κουκουβάγια

uil

πουλί

vogel

κύκνος

zwaan

αγριογούρουνο

wild zwijn

ελάφι

hert

άλκη

eland

φράγμα

stuwdam

ανεμογεννήτρια

windmolen

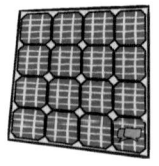

ηλιακός συλλέκτης

zonnepaneel

κλίμα

klimaat

εστιατόριο
restaurant

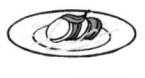

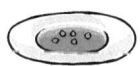

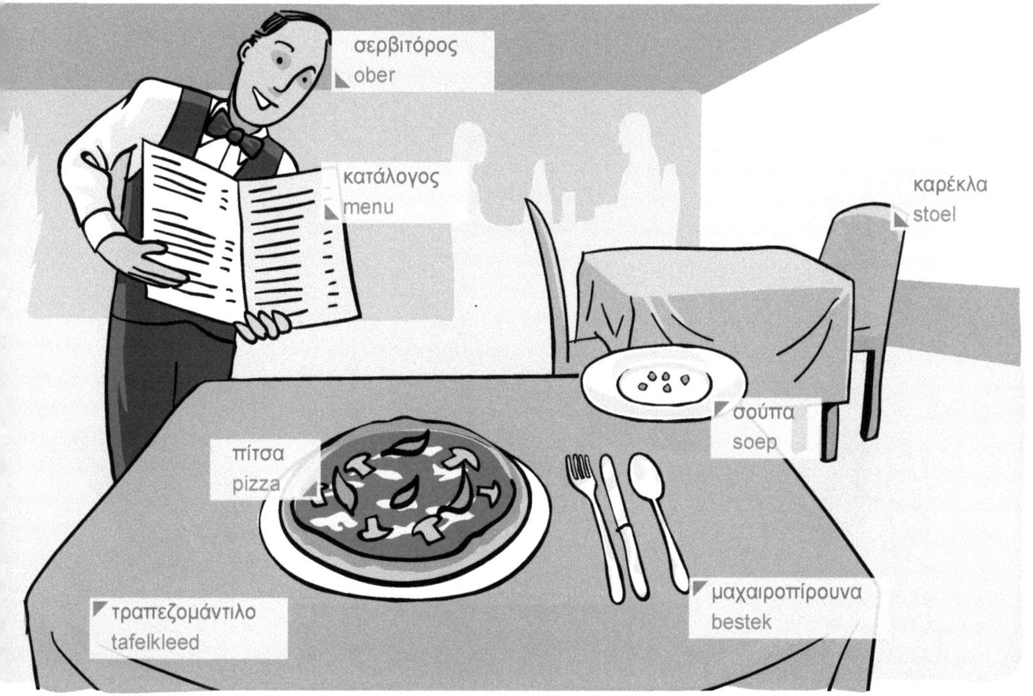
σερβιτόρος
ober
κατάλογος
menu
καρέκλα
stoel
σούπα
soep
πίτσα
pizza
μαχαιροπίρουνα
bestek
τραπεζομάντιλο
tafelkleed

ορεκτικό

voorgerecht

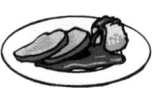

κύριο πιάτο

hoofdgerecht

επιδόρπιο

toetje

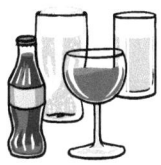

ποτά

dranken

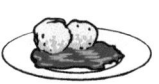

φαγητό

eten

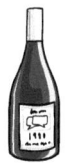

μπουκάλι

fles

φαστ φουντ

fastfood

φαγητό στ' όρθιο

eetkraampje

τσαγιέρα

theepot

δοχείο ζάχαρης

suikerpot

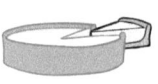

μερίδα

portie

μηχανή εσπρέσο

espressomachine

ψηλή καρέκλα

kinderstoel

λογαριασμός

rekening

δίσκος

dienblad

μαχαίρι

mes

πιρούνι

vork

κουτάλι

lepel

κουταλάκι του τσαγιού

theelepel

πετσέτα φαγητού

servet

ποτήρι

glas

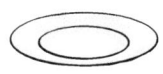

πιάτο
bord

πιάτο σούπας
soepbord

πιατάκι φλιτζανιού
schotel

σάλτσα
saus

αλατιέρα
zoutvaatje

μύλος για πιπέρι
pepermolen

ξύδι
azijn

λάδι
olie

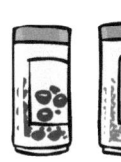

μπαχαρικά
kruiden

κέτσαπ
ketchup

μουστάρδα
mosterd

μαγιονέζα
mayonaise

σούπερ μάρκετ
supermarkt

προσφορά
aanbieding
FOR
πελάτης
klant
γαλακτοκομικά προϊόντα
zuivelproducten
φρούτα
fruit
καρότσι για ψώνια
winkelwagen

BUTCHERS

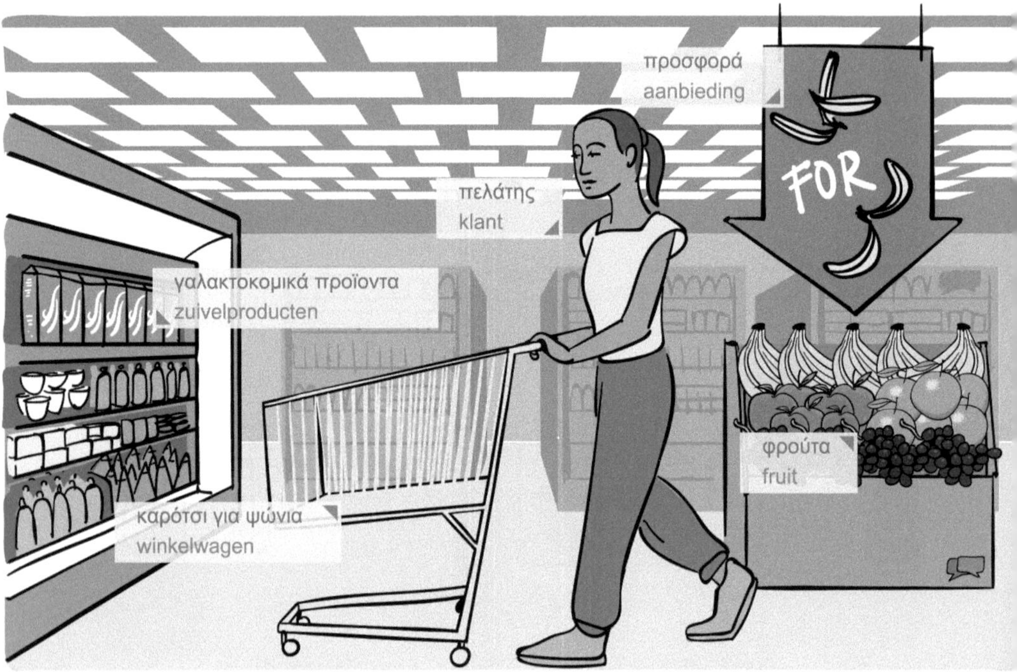

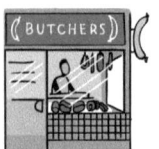

κρεοπωλείο

slager

BAKERY

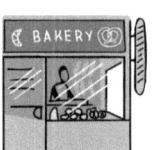

φούρνος

bakkerij

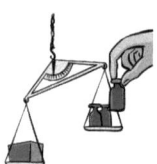

ζυγίζω

wegen

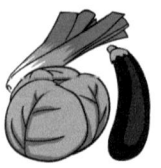

λαχανικά

groente

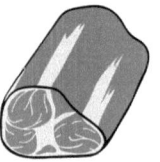

κρέας

vlees

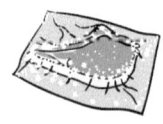

κατεψυγμένα τρόφιμα

diepvriesproducten

αλλαντικά

vleeswaren

κονσερβοποιημένη τροφή

conserven

απορρυπαντικό ρούχων

wasmiddel

γλυκά

snoepgoed

οικιακά είδη

huishoudelijke artikelen

καθαριστικά προϊόντα

schoonmaakmiddel

πωλήτρια

verkoopster

ταμείο

kassa

ταμίας

kassier

λίστα για ψώνια

boodschappenlijstje

ωράριο λειτουργίας

openingstijden

πορτοφόλι

portefeuille

πιστωτική κάρτα

creditkaart

τσάντα

tas

πλαστική σακούλα

plastic zak

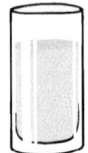

νερό

water

χυμός

sap

γάλα

melk

κόκα κόλα

cola

κρασί

wijn

μπίρα

bier

αλκοόλ

alcohol

κακάο

chocolademelk

τσάι

thee

καφές

koffie

εσπρέσο

espresso

καπουτσίνο

cappuccino

μπανάνα

banaan

μήλο

appel

πορτοκάλι

sinaasappel

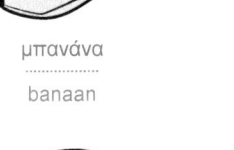

πεπόνι

watermeloen

λεμόνι

citroen

καρότο

wortel

σκόρδο

knoflook

μπαμπού

bamboe

κρεμμύδι

ui

μανιτάρι

paddenstoel

ξηροί καρποί

noten

νουντλς

pasta

μακαρόνια

spaghetti

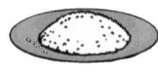

ρύζι

rijst

σαλάτα

salade

πατατάκια

friet

τηγανητές πατάτες

gebakken aardappelen

πίτσα

pizza

χάμπουργκερ

hamburger

σάντουιτς

sandwich

κοτολέτα

schnitzel

ζαμπόν

ham

σαλάμι

salami

λουκάνικο

worst

κοτόπουλο

kip

ψητό

gebraad

ψάρι

vis

φαγητό - eten

χυλός βρώμης

havermout

μούσλι

muesli

κορν φλέικς

cornflakes

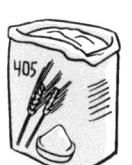

αλεύρι

meel

κρουασάν

croissant

ψωμάκι

broodjes

ψωμί

brood

τοστ

toast

μπισκότα

koekjes

βούτυρο

boter

τυρόπηγμα

kwark

κέικ

taart

αυγό

ei

τηγανητό αυγό

gebakken ei

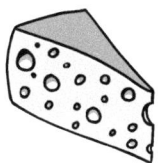

τυρί

kaas

φαγητό - eten

παγωτό
ijs

ζάχαρη
suiker

μέλι
honing

μαρμελάδα
jam

άλλειμμα σοκολάτας
chocoladepasta

κάρυ
kerrie

αγρόκτημα
boerderij

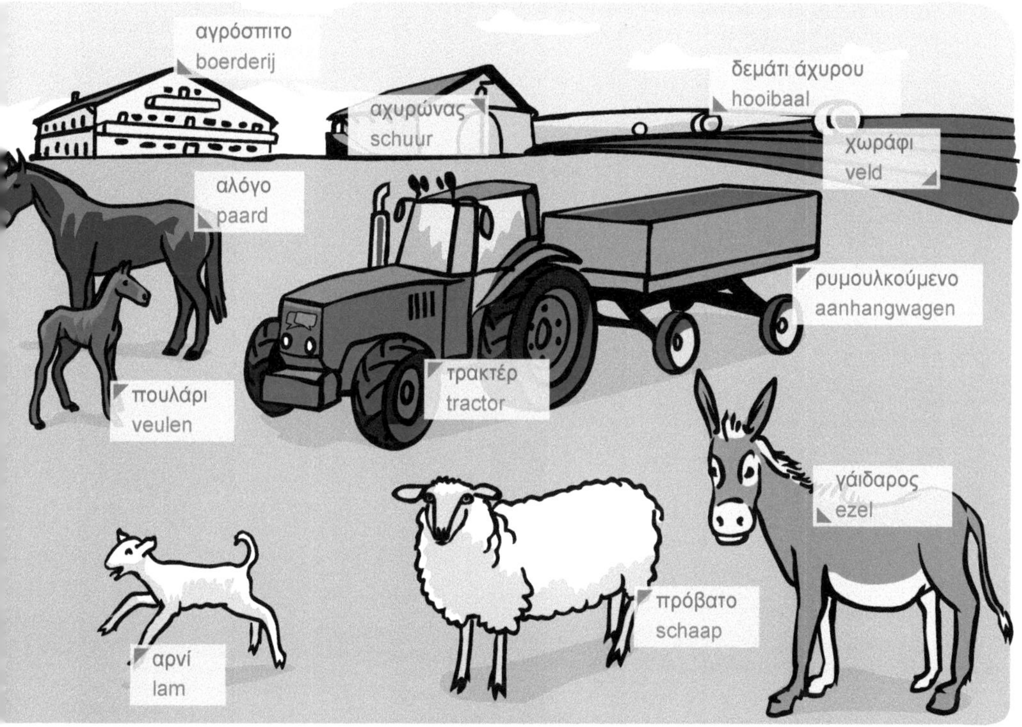

αγρόσπιτο
boerderij
αχυρώνας
schuur
δεμάτι άχυρου
hooibaal
χωράφι
veld
αλόγο
paard
ρυμουλκούμενο
aanhangwagen
πουλάρι
veulen
τρακτέρ
tractor
γάιδαρος
ezel
πρόβατο
schaap
αρνί
lam

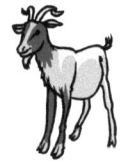

κατσίκα

geit

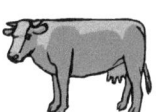

αγελάδα

koe

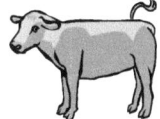

μοσχαράκι

kalf

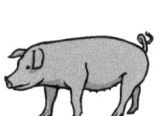

γουρούνι

varken

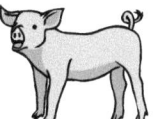

γουρουνάκι

big

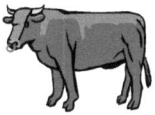

ταύρος

stier

χήνα

gans

πάπια

eend

κοτοπουλάκι

kuiken

κότα

kip

κόκορας

haan

αρουραίος

rat

γάτα

kat

ποντίκι

muis

βόδι

os

σκύλος

hond

σπιτάκι σκύλου

hondenhok

λάστιχο κήπου

tuinslang

ποτιστήρι

gieter

θεριστήρι

zeis

αλέτρι

ploeg

δρεπάνι

sikkel

τσάπα

schoffel

δίκρανο

hooivork

τσεκούρι

bijl

χειράμαξα

kruiwagen

ταΐστρα

trog

δοχείο γάλακτος

melkbus

σάκος

zak

φράχτης

hek

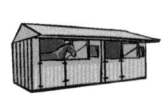

στάβλος

stal

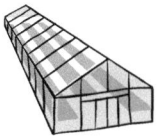

θερμοκήπιο

broeikas

έδαφος

grond

σπόρος

zaad

λίπασμα

mest

θεριζοαλωνιστική μηχανή

maaidorser

θερίζω

oogsten

συγκομιδή

oogst

γιαμς

yam

σιτάρι

tarwe

σόγια

soja

πατάτα

aardappel

καλαμπόκι

maïs

κράμβη

koolzaad

οπωροφόρο δέντρο

fruitboom

μανιόκα

maniok

δημητριακά

granen

αγρόκτημα - boerderij

σπίτι

huis

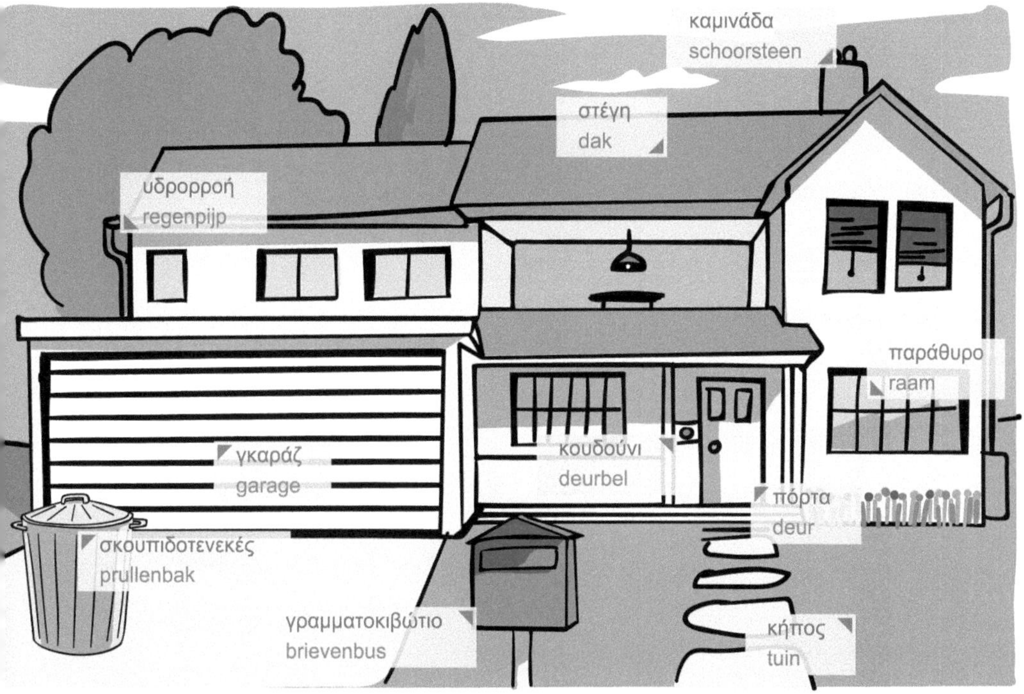
καμινάδα
schoorsteen
στέγη
dak
υδρορροή
regenpijp
παράθυρο
raam
γκαράζ
garage
κουδούνι
deurbel
πόρτα
deur
σκουπιδοτενεκές
prullenbak
γραμματοκιβώτιο
brievenbus
κήπος
tuin

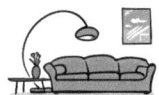

σαλόνι

woonkamer

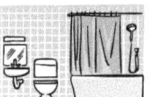

μπάνιο

badkamer

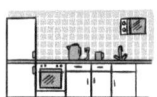

κουζίνα

keuken

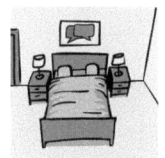

υπνοδωμάτιο

slaapkamer

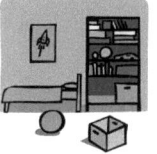

παιδικό δωμάτιο

kinderkamer

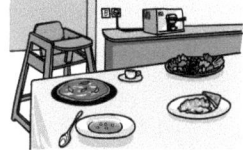

τραπεζαρία

eetkamer

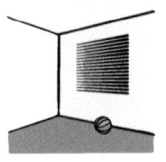

πάτωμα
vloer

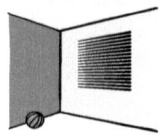

τοίχος
muur

οροφή
plafond

κελάρι
kelder

σάουνα
sauna

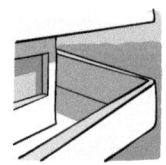

μπαλκόνι
balkon

βεράντα
terras

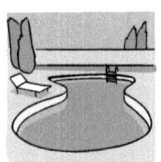

πισίνα
zwembad

μηχανή του γκαζόν
grasmaaier

σεντόνι
laken

κάλυμμα κρεβατιού
bedsprei

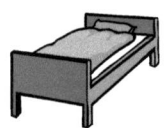

κρεβάτι
bed

σκούπα
bezem

κουβάς
emmer

διακόπτης
schakelaar

σαλόνι

woonkamer

ταπετσαρία
behang
φωτογραφία
foto
λάμπα
lamp
ράφι
plank
ντουλάπι
kast
τηλεόραση
televisie
τζάκι
open haard
λουλούδι
bloem
μαξιλάρι
kussen
καναπές
bankstel
βάζο
vaas
τηλεκοντρόλ
afstandsbediening

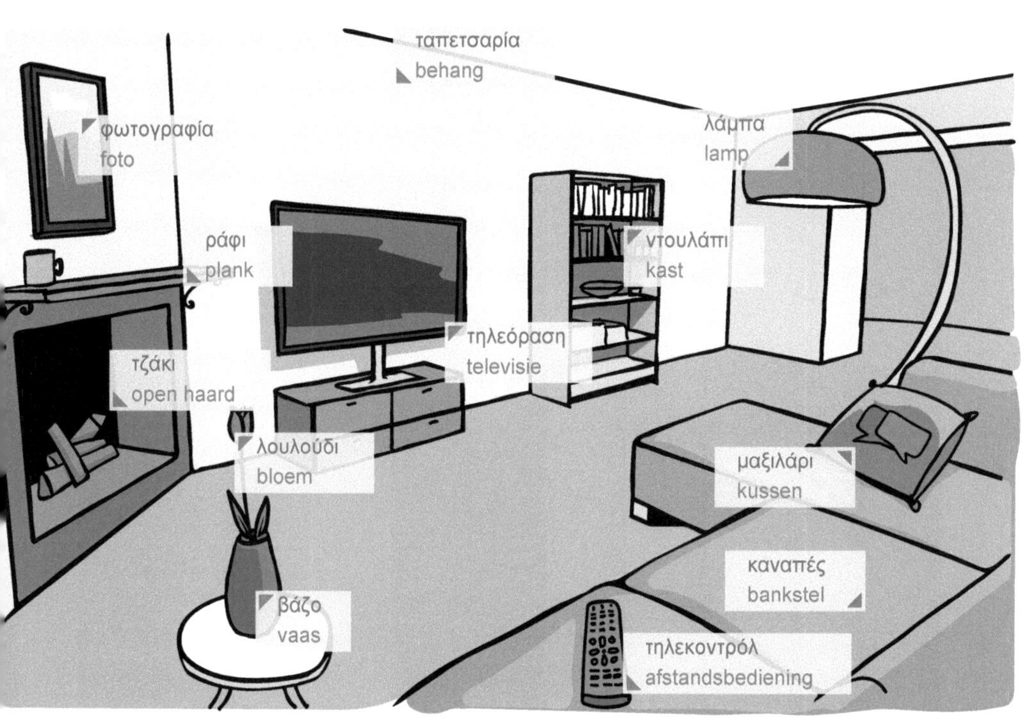

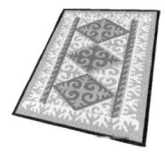

χαλί

tapijt

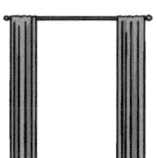

κουρτίνα

gordijn

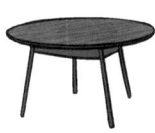

τραπέζι

tafel

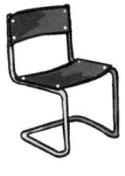

καρέκλα

stoel

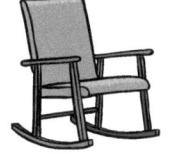

κουνιστή πολυθρόνα

schommelstoel

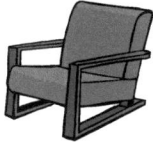

πολυθρόνα

stoel

βιβλίο
boek

κουβέρτα
deken

διακόσμηση
decoratie

καυσόξυλα
brandhout

ταινία
film

στερεοφωνικό σύστημα
stereo-installatie

κλειδί
sleutel

εφημερίδα
krant

πίνακας ζωγραφικής
schilderij

αφίσα
poster

ραδιόφωνο
radio

σημειωματάριο
kladblok

ηλεκτρική σκούπα
stofzuiger

κάκτος
cactus

κερί
kaars

κουζίνα
keuken

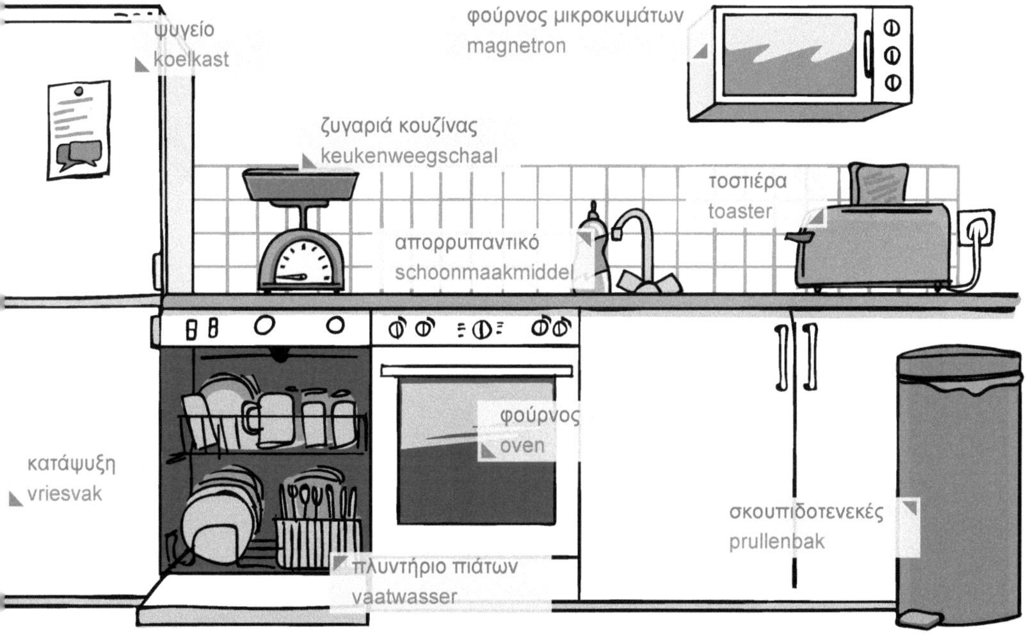
ψυγείο
koelkast
φούρνος μικροκυμάτων
magnetron
ζυγαριά κουζίνας
keukenweegschaal
τοστιέρα
toaster
απορρυπαντικό
schoonmaakmiddel
φούρνος
oven
κατάψυξη
vriesvak
σκουπιδοτενεκές
prullenbak
πλυντήριο πιάτων
vaatwasser

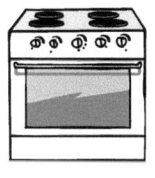

κουζίνα

fornuis

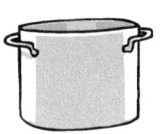

κατσαρόλα

pan

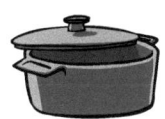

μαντεμένια κατσαρόλα

gietijzeren pan

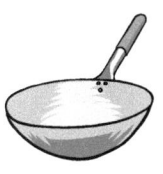

γουόκ/καντάι

wok / kadai

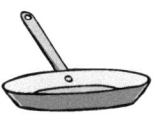

τηγάνι

koekenpan

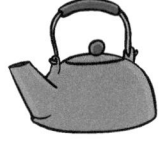

βραστήρας

ketel

ατμομάγειρας

stoomkoker

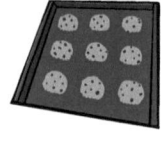

ταψί

bakplaat

πιατικά

servies

κούπα

beker

μπολ

kom

ξυλάκια

eetstokjes

κουτάλα

soeplepel

σπάτουλα

spatel

ανακατεύω

garde

σουρωτήρι

vergiet

σουρωτηράκι

zeef

τρίφτης

rasp

γουδί

vijzel

ψησταριά

barbecue

ανοιχτή φωτιά

vuurhaard

σανίδα κοπής

snijplank

πλάστης

deegroller

ανοιχτήρι φελλών

kurkentrekker

κονσέρβα

blik

ανοιχτήρι κονσέρβας

blikopener

γάντι φούρνου

pannenlap

νεροχύτης

wasbak

βούρτσα

borstel

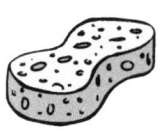

σφουγγάρι

spons

μπλέντερ

blender

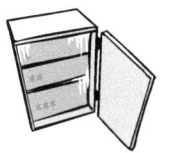

καταψύκτης

vriezer

μπιμπερό

babyflesje

βρύση

kraan

κουζίνα - keuken

μπάνιο
badkamer

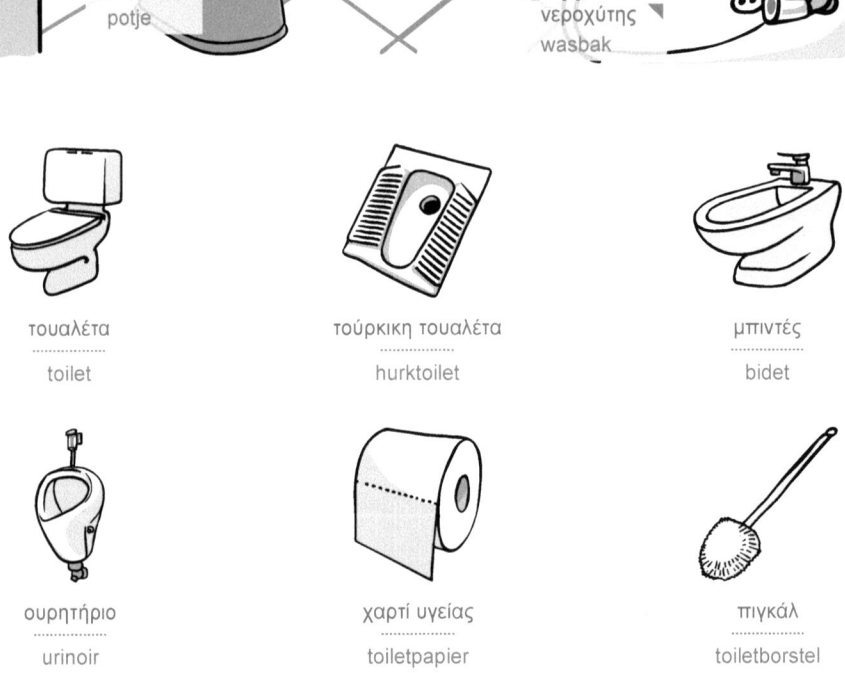

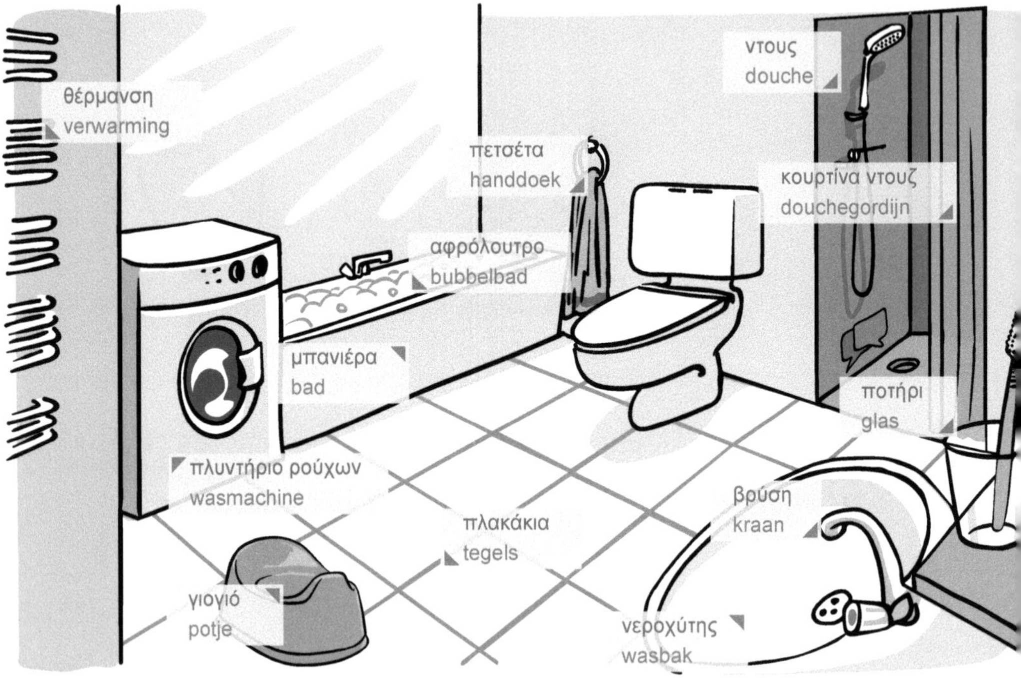

θέρμανση
verwarming
πετσέτα
handdoek
ντους
douche
κουρτίνα ντουζ
douchegordijn
αφρόλουτρο
bubbelbad
μπανιέρα
bad
ποτήρι
glas
πλυντήριο ρούχων
wasmachine
βρύση
kraan
πλακάκια
tegels
γιογιό
potje
νεροχύτης
wasbak

τουαλέτα

toilet

τούρκικη τουαλέτα

hurktoilet

μπιντές

bidet

ουρητήριο

urinoir

χαρτί υγείας

toiletpapier

πιγκάλ

toiletborstel

οδοντόβουρτσα

tandenborstel

οδοντόκρεμα

tandpasta

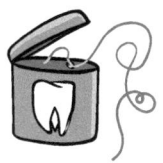

οδοντικό νήμα

flosdraad

πλένω

wassen

τηλέφωνο ντους

handdouche

ντουσιέρα

toiletdouche

λεκάνη

waskom

βούρτσα πλάτης

rugborstel

σαπούνι

zeep

αφρόλουτρο

douchegel

σαμπουάν

shampoo

φανέλα

washanje

σιφόνι

afvoer

κρέμα

creme

αποσμητικό

deodorant

καθρέφτης

spiegel

καθρέφτης χειρός

make-upspiegel

ξυραφάκι

scheermes

αφρός ξυρίσματος

scheerschuim

αφτερσέιβ

aftershave

χτένα

kam

βούρτσα

borstel

σεσουάρ

haardroger

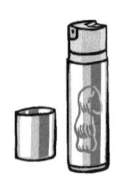

λακ

haarspray

μακιγιάζ

make-up

κραγιόν

lippenstift

βερνίκι νυχιών

nagellak

βαμβάκι

watten

ψαλίδι νυχιών

nagelschaartje

άρωμα

parfum

νεσεσέρ
toilettas

σκαμπό
kruk

ζυγαριά
weegschaal

μπουρνούζι
badjas

ελαστικά γάντια
rubber handschoenen

ταμπόν
tampon

πετσέτα υγιεινής
maandverband

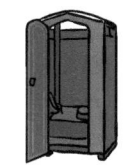

χημική τουαλέτα
chemisch toilet

παιδικό δωμάτιο
kinderkamer

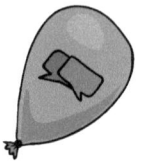

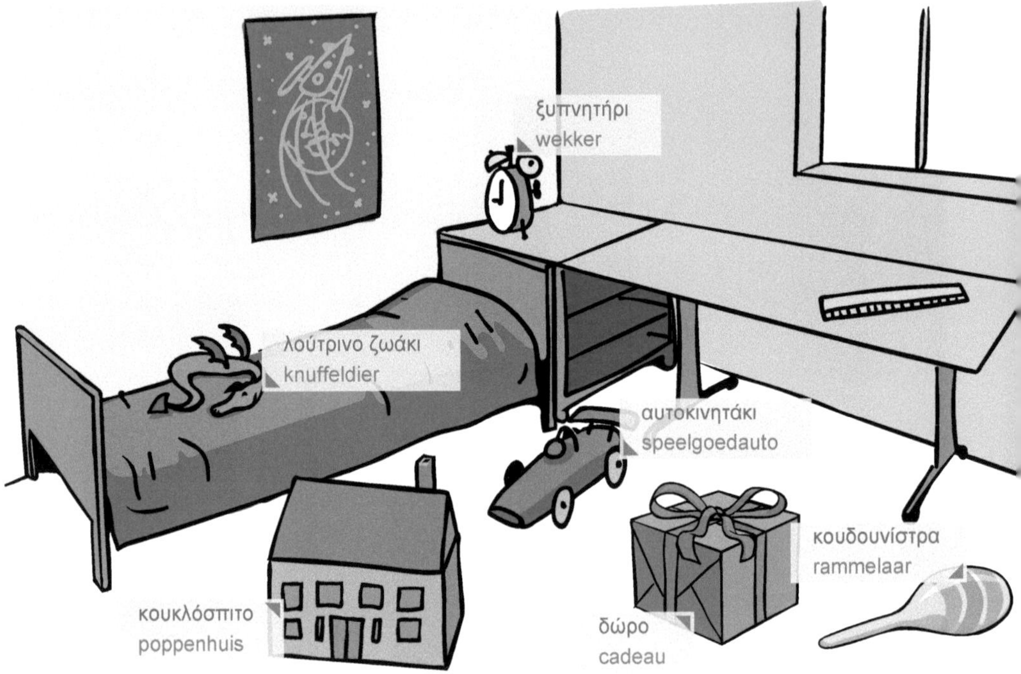
ξυπνητήρι
wekker
λούτρινο ζωάκι
knuffeldier
αυτοκινητάκι
speelgoedauto
κουδουνίστρα
rammelaar
κουκλόσπιτο
poppenhuis
δώρο
cadeau

μπαλόνι

ballon

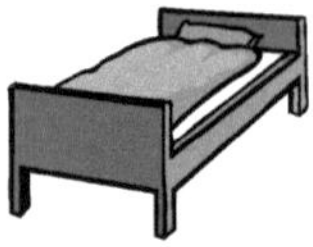

κρεβάτι

bed

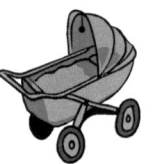

καροτσάκι

kinderwagen

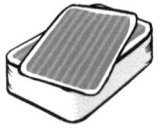

τράπουλα

kaartspel

παζλ

puzzel

SUPER
MEGA

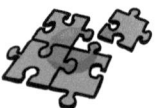

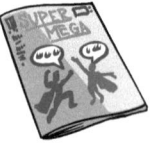

κόμικς

stripverhaal

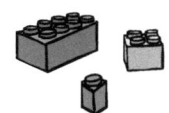

τουβλάκια lego

legostenen

τουβλάκια κατασκευών

speelgoedblokken

φιγούρα δράσης

actiefiguurtje

βρεφικό φορμάκι

romper

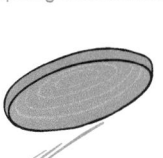

φρίσμπι

frisbee

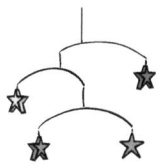

μόμπιλο

mobile

επιτραπέζιο παιχνίδι

bordspel

ζάρια

dobbelsteen

σετ τρενάκι

modeltrein

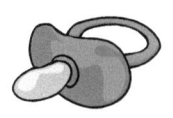

πιπίλα

speen

πάρτι

feestje

εικονογραφημένο βιβλίο

prentenboek

μπάλα

bal

κούκλα

pop

παίζω

spelen

σκάμμα με άμμο

zandbak

κούνια

schommel

παιχνίδια

speelgoed

κονσόλα βιντεοπαιχνιδιών

spelcomputer

τρίκυκλο

driewieler

αρκουδάκι

teddybeer

ντουλάπα

kleerkast

ρούχα
kleding

κάλτσες

sokken

καλτσοδέτες

kousen

καλσόν

panty

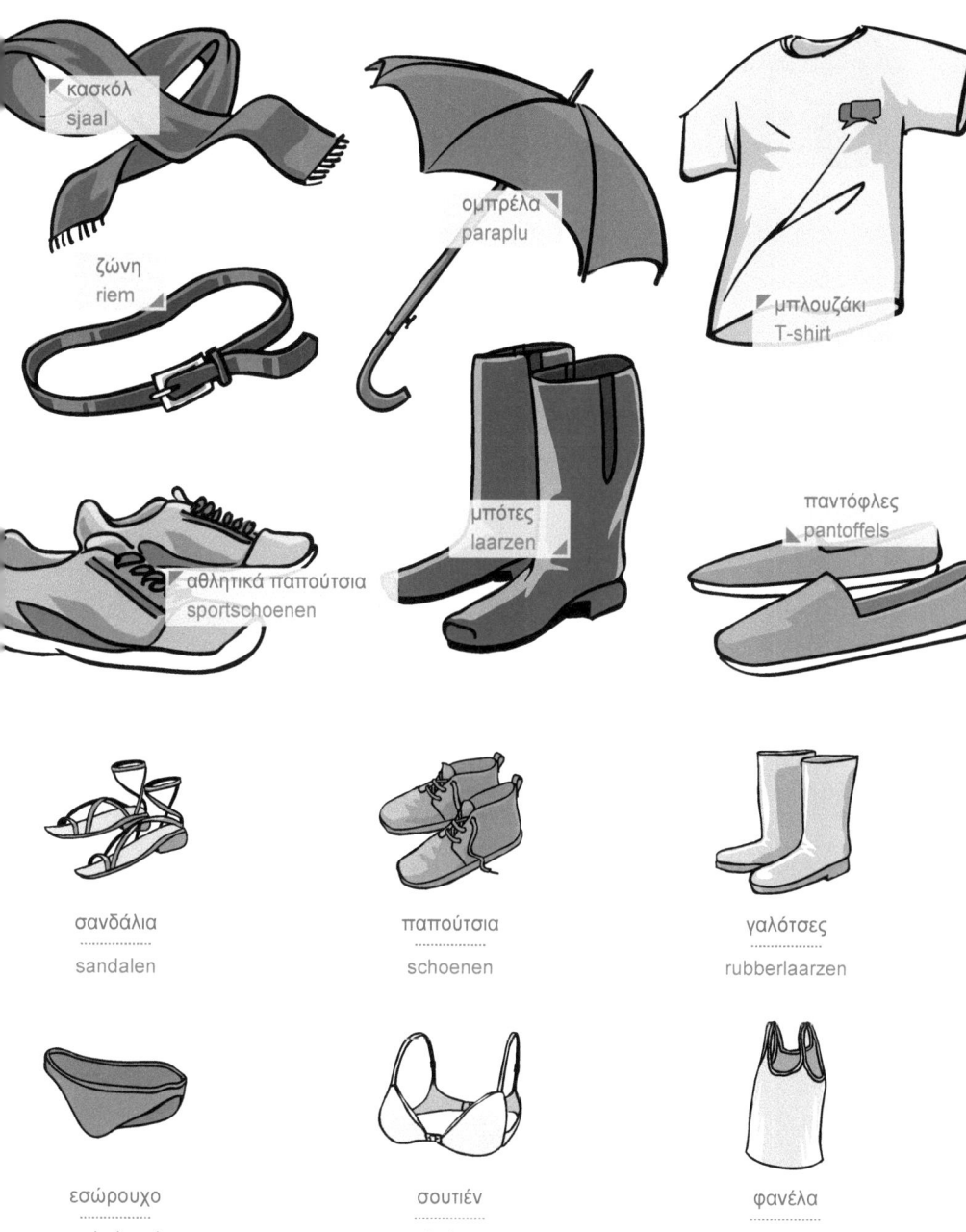

κασκόλ
sjaal

ζώνη
riem

ομπρέλα
paraplu

μπλουζάκι
T-shirt

αθλητικά παπούτσια
sportschoenen

μπότες
laarzen

παντόφλες
pantoffels

σανδάλια
sandalen

παπούτσια
schoenen

γαλότσες
rubberlaarzen

εσώρουχο
onderbroek

σουτιέν
beha

φανέλα
onderhemd

σώμα
body

παντελόνι
broek

τζιν παντελόνι
spijkerbroek

φούστα
rok

μπλούζα
blouse

πουκάμισο
overhemd

πουλόβερ
trui

πουλόβερ
hoody

σακάκι
blazer

μπουφάν
jas

παλτό
mantel

αδιάβροχο πανωφόρι
regenjas

κοστούμι
kostuum

φόρεμα
jurk

νυφικό
trouwjurk

κοστούμι
pak

νυχτικό
nachthemd

πιτζάμες
pyjama

σάρι
sari

μαντήλι
hoofddoek

τουρμπάνι
tulband

μπούρκα
boerka

καφτάνι
kaftan

μουσουλμανικό ένδυμα
abaja

ολόσωμο μαγιό
zwempak

ανδρικό μαγιό
zwembroek

σορτς
korte broek

αθλητική φόρμα
trainingspak

ποδιά
schort

γάντια
handschoenen

κουμπί

knoop

γυαλιά

bril

βραχιόλι

armband

περιδέραιο

ketting

δαχτυλίδι

ring

σκουλαρίκι

oorbel

καπέλο

pet

κρεμάστρα

kledinghanger

καπέλο

hoed

γραβάτα

stropdas

φερμουάρ

rits

κράνος

helm

τιράντες

bretels

μαθητική στολή

schooluniform

στολή

uniform

σαλιάρα

slabbetje

πιπίλα

speen

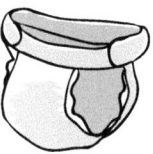

πάνα

luier

γραφείο
kantoor

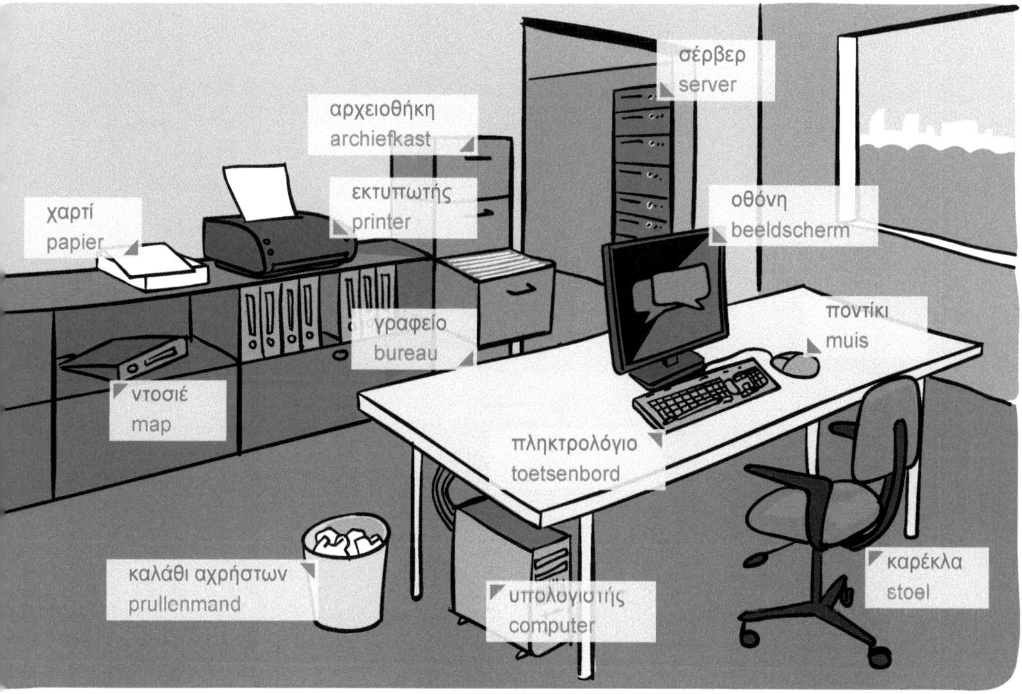

σέρβερ
server

αρχειοθήκη
archiefkast

εκτυπωτής
printer

οθόνη
beeldscherm

χαρτί
papier

γραφείο
bureau

ποντίκι
muis

ντοσιέ
map

πληκτρολόγιο
toetsenbord

καλάθι αχρήστων
prullenmand

υπολογιστής
computer

καρέκλα
stoel

κούπα του καφέ

koffiemok

κομπιουτεράκι

rekenmachine

ίντερνετ

internet

λάπτοπ

laptop

γράμμα

brief

μήνυμα

bericht

κινητό

mobiele telefoon

δίκτυο

netwerk

φωτοτυπικό μηχάνημα

kopieermachine

λογισμικό

software

τηλέφωνο

telefoon

πρίζα

stopcontact

συσκευή φαξ

fax

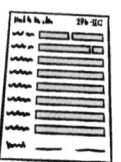

έντυπο

formulier

έγγραφο

document

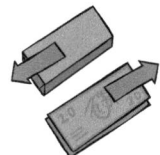

αγοράζω

kopen

πληρώνω

betalen

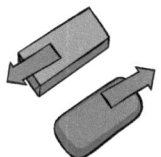

συναλλάσσομαι

handel drijven

χρήματα

geld

δολάριο

dollar

ευρώ

euro

γιεν

yen

ρούβλι

roebel

ελβετικό φράγκο

Zwitserse frank

ρενμίνμπι γιουάν

renminbi yuan

ρουπία

roepie

ATM (αυτόματη ταμειακή μηχανή)

geldautomaat

ανταλλακτήρια
συναλλάγματος
wisselkantoor

χρυσός
goud

ασήμι
zilver

πετρέλαιο
olie

ενέργεια
energie

τιμή
prijs

συμβόλαιο
contract

φόρος
belasting

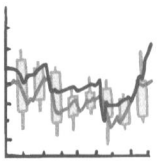

μετοχή
aandeel

δουλεύω
werken

υπάλληλος
werknemer

εργοδότης
werkgever

εργοστάσιο
fabriek

κατάστημα
winkel

επαγγέλματα
beroepen

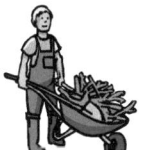

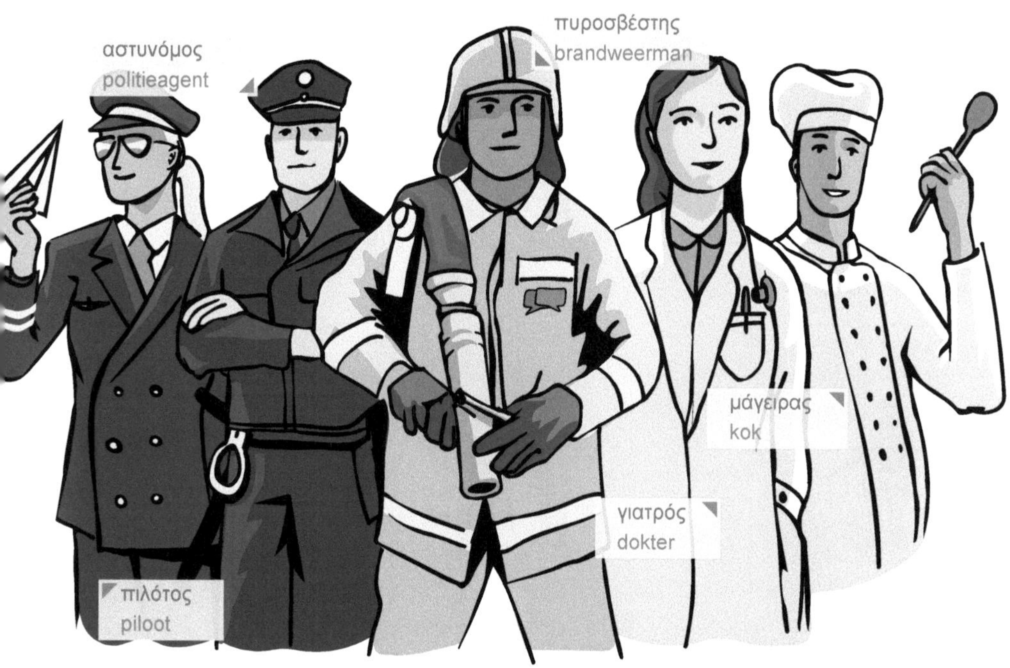

αστυνόμος
politieagent
πυροσβέστης
brandweerman
μάγειρας
kok
γιατρός
dokter
πιλότος
piloot

κηπουρός
tuinman

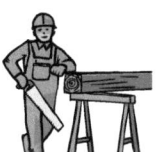

ξυλουργός
timmerman

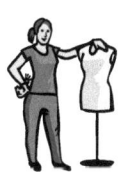

μοδίστρα
naaister

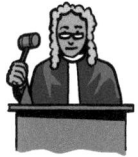

δικαστής
rechter

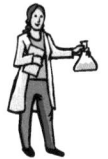

χημικός
scheikundige

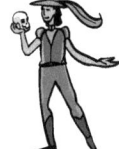

ηθοποιός
toneelspeler

οδηγός λεωφορείου

buschauffeur

ταξιτζής

taxichauffeur

ψαράς

visser

καθαρίστρια

schoonmaakster

τεχνίτης στεγών

dakdekker

σερβιτόρος

ober

κυνηγός

jager

ζωγράφος

schilder

αρτοποιός

bakker

ηλεκτρολόγος

elektricien

οικοδόμος

bouwvakker

μηχανολόγος

ingenieur

κρεοπώλης

slager

υδραυλικός

loodgieter

ταχυδρόμος

postbode

στρατιώτης

soldaat

αρχιτέκτονας

architect

ταμίας

kassier

ανθοπώλης

bloemist

κομμωτής

kapper

ελεγκτής εισιτηρίων

conducteur

μηχανικός

monteur

καπετάνιος

kapitein

οδοντίατρος

tandarts

επιστήμονας

wetenschapper

ραβίνος

rabbi

ιμάμης

imam

μοναχός

monnik

ιερέας

pastoor

εργαλεία
gereedschap

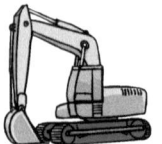

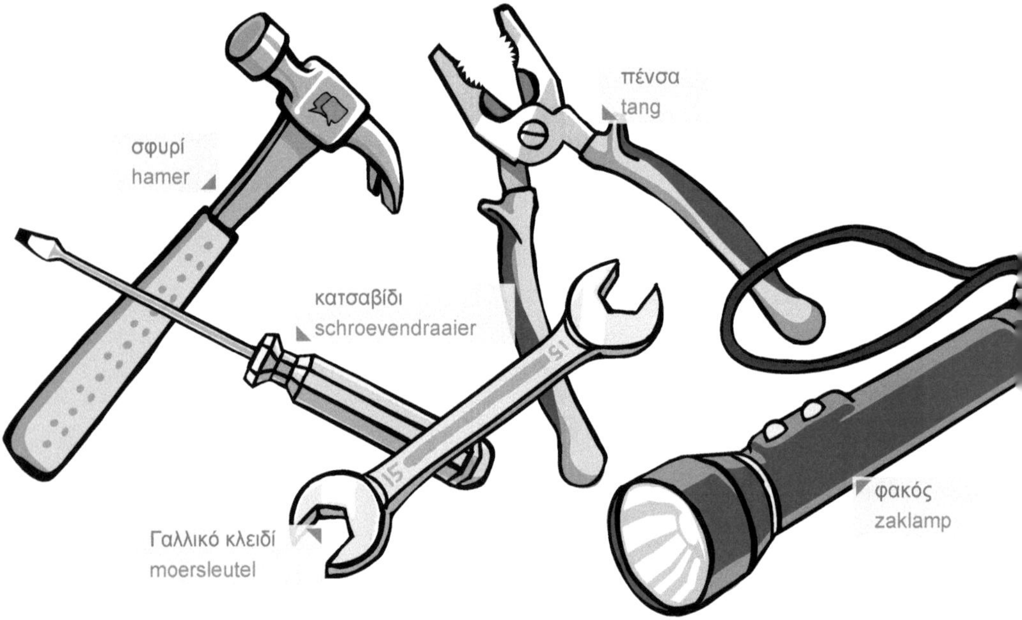
πένσα
tang
σφυρί
hamer
κατσαβίδι
schroevendraaier
Γαλλικό κλειδί
moersleutel
φακός
zaklamp

εκσκαφέας
....
graafmachine

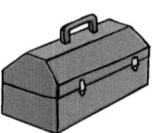

εργαλειοθήκη
....
gereedschapskist

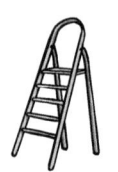

σκάλα
....
ladder

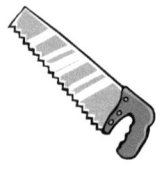

πριόνι
....
zaag

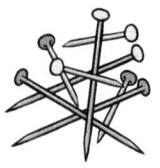

καρφιά
....
spijkers

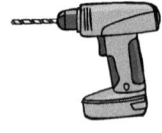

τρυπάνι
....
boor

επισκευάζω

repareren

φτυάρι

schep

Να πάρει!

Verdorie!

φαράσι

stofblik

δοχείο χρωμάτων

verfpot

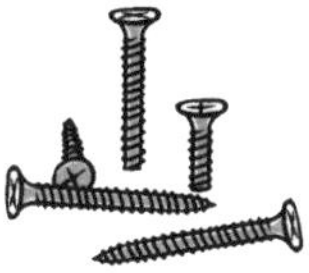

βίδες

schroeven

μουσικά όργανα
muziekinstrumenten

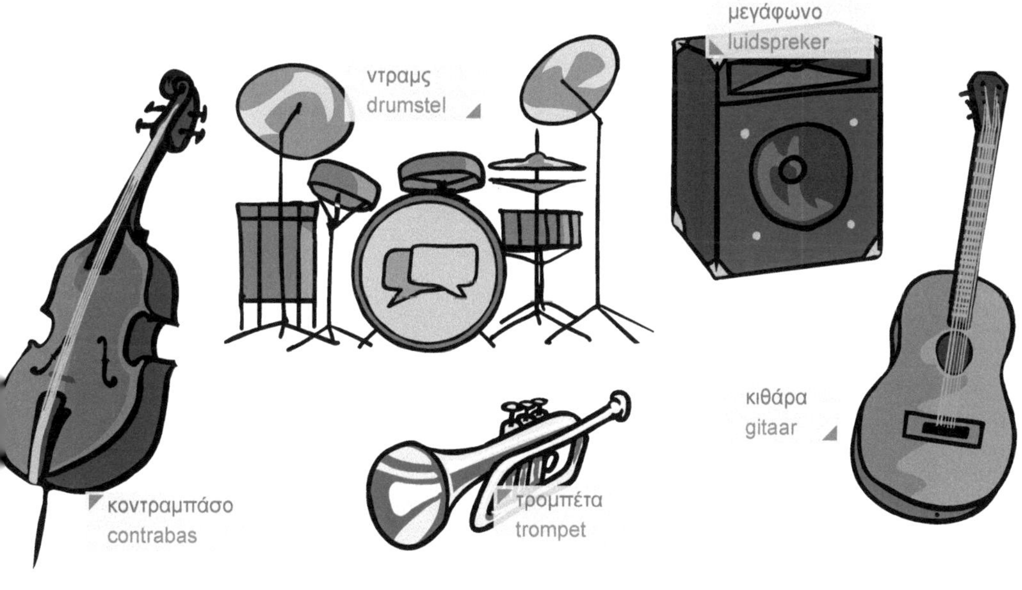

μεγάφωνο
luidspreker

ντραμς
drumstel

κιθάρα
gitaar

κοντραμπάσο
contrabas

τρομπέτα
trompet

πιάνο
piano

βιολί
viool

μπάσο
bas

τύμπανα
pauk

τύμπανο
trommel

πλήκτρα
keyboard

σαξόφωνο
saxofoon

φλάουτο
fluit

μικρόφωνο
microfoon

ζωολογικός κήπος
dierentuin

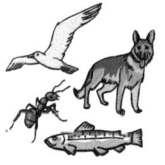

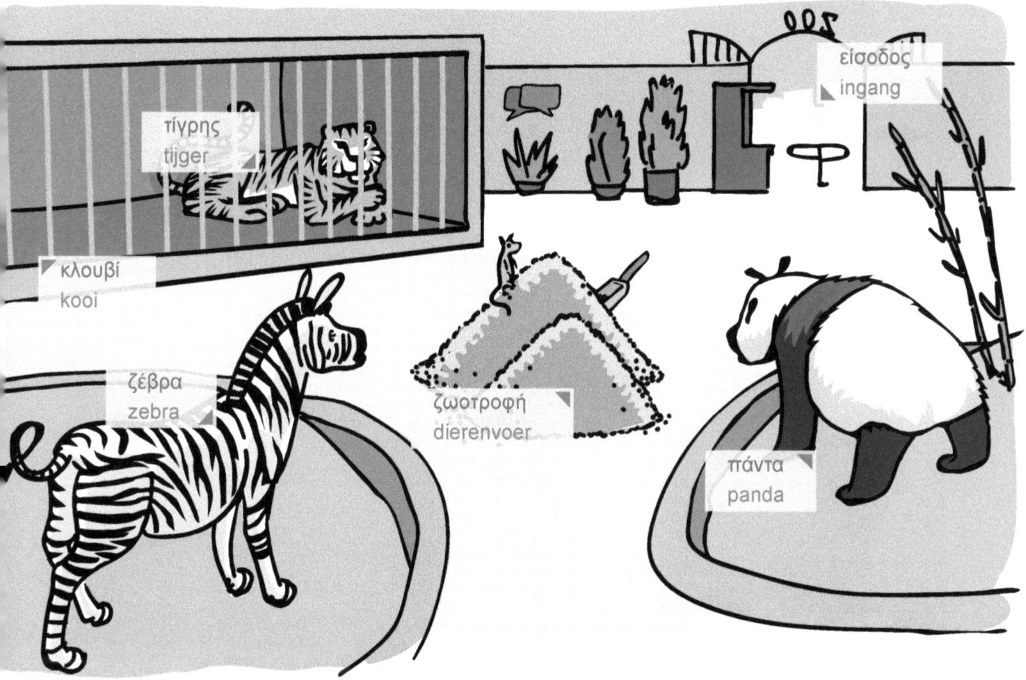

ZOO
είσοδος
ingang
τίγρης
tijger
κλουβί
kooi
ζέβρα
zebra
ζωοτροφή
dierenvoer
πάντα
panda

ζώα
dieren

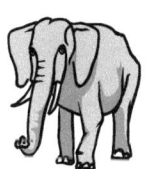

ελέφαντας
olifant

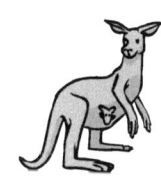

καγκουρό
kangoeroe

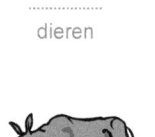

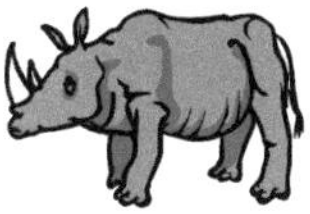

ρινόκερος
neushoorn

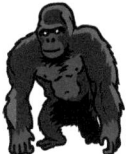

γορίλας
gorilla

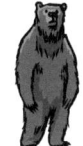

αρκούδα
beer

καμήλα

kameel

στρουθοκάμηλος

struisvogel

λιοντάρι

leeuw

πίθηκος

aap

φλαμίνγκο

flamingo

παπαγάλος

papegaai

πολική αρκούδα

ijsbeer

πιγκουίνος

pinguïn

καρχαρίας

haai

παγώνι

pauw

φίδι

slang

κροκόδειλος

krokodil

φύλακας ζωολογικού κήπου

dierenverzorger

φώκια

zeehond

τζάγκουαρ

jaguar

πόνυ

pony

λεοπάρδαλη

luipaard

ιπποπόταμος

nijlpaard

καμηλοπάρδαλη

giraffe

αετός

adelaar

αγριογούρουνο

wild zwijn

ψάρι

vis

χελώνα

schildpad

θαλάσσιος ίππος

walrus

αλεπού

vos

γαζέλα

gazelle

Αμερικάνικο ποδόσφαιρο
American football

ποδηλασία
wielrennen

αντισφαίριση
tennis

μπάσκετ
basketbal

κολύμβηση
zwemmen

πυγχαμία
boksen

χόκεϋ επί πάγου
ijshockey

ποδόσφαιρο

voetbal

μπάντμιντον

badminton

στίβος

atletiek

χάντμπολ

handbal

σκι

skiën

πόλο

polo

δραστηριότητες
activiteiten

γελάω
lachen
πηδάω
springen
αγκαλιάζω
knuffelen
περπατάω
lopen
τραγουδάω
zingen
ονειρεύομαι
dromen
προσεύχομαι
bidden
φιλάω
kussen

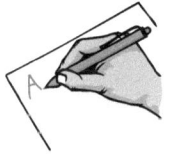

γράφω

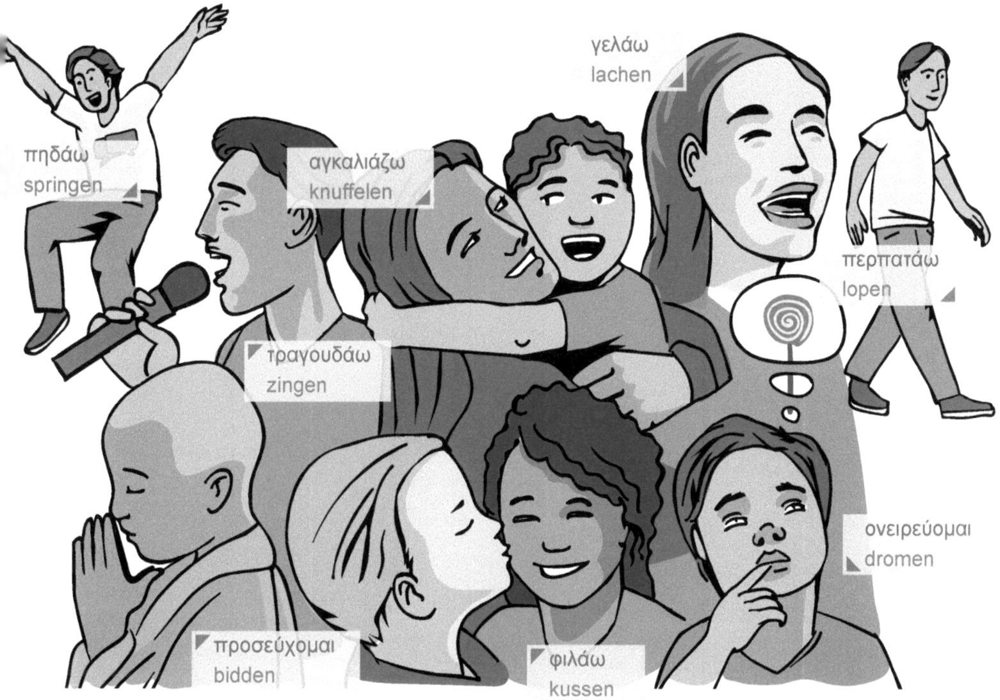

schrijven

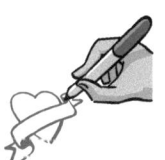

σχεδιάζω

tekenen

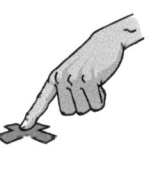

δείχνω

tonen

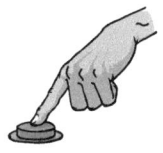

πιέζω

duwen

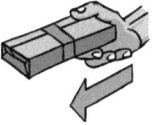

δίνω

geven

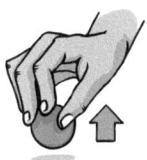

παίρνω

oppakken

έχω

hebben

κάνω

doen

είμαι

zijn

στέκομαι

staan

τρέχω

rennen

τραβάω

trekken

ρίχνω

gooien

πέφτω

vallen

ξαπλώνω

liggen

περιμένω

wachten

κουβαλώ

dragen

κάθομαι

zitten

φοράω

aankleden

κοιμάμαι

slapen

ξυπνάω

wakker worden

κοιτάω

bekijken

κλαίω

huilen

χαϊδεύω

strelen

χτενίζω

kammen

μιλάω

praten

καταλαβαίνω

begrijpen

ρωτάω

vragen

ακούω

horen

πίνω

drinken

τρώω

eten

συγυρίζω

opruimen

αγαπάω

houden van

μαγειρεύω

koken

οδηγώ

rijden

πετάω

vliegen

κάνω ιστιοπλοΐα

zeilen

υπολογίζω

rekenen

διαβάζω

lezen

μαθαίνω

leren

δουλεύω

werken

παντρεύομαι

trouwen

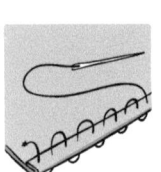

ράβω

naaien

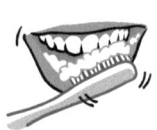

βουρτσίζω τα δόντια

tandenpoetsen

σκοτώνω

doden

καπνίζω

roken

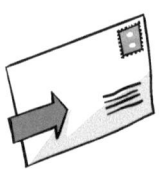

στέλνω

verzenden

οικογένεια
familie

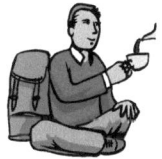

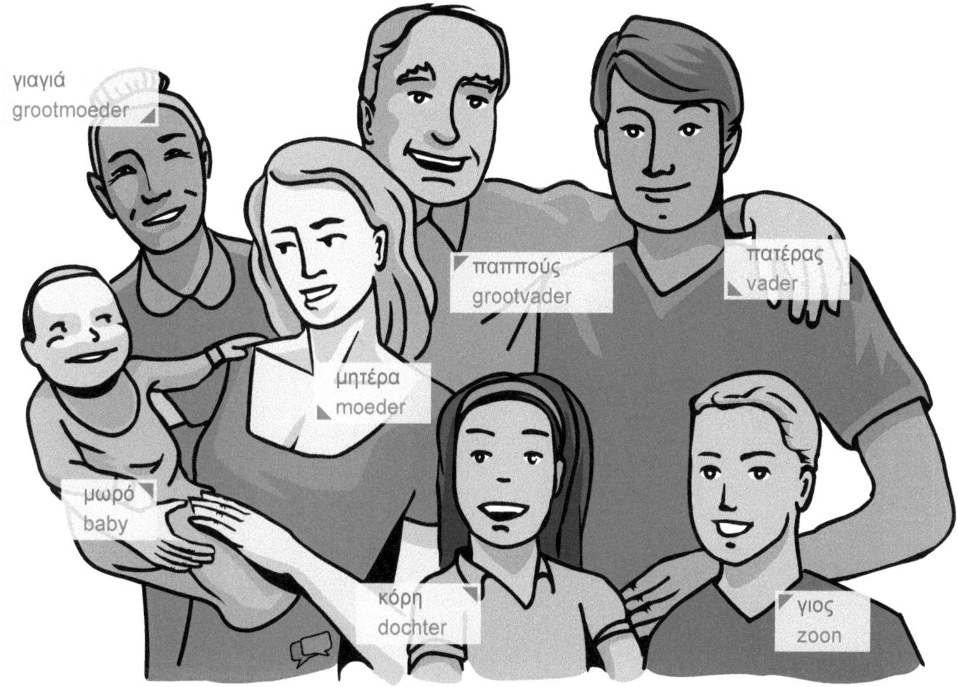

γιαγιά
grootmoeder
παππούς
grootvader
πατέρας
vader
μητέρα
moeder
μωρό
baby
κόρη
dochter
γιος
zoon

καλεσμένος

gast

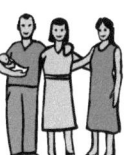

θεία

tante

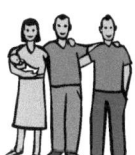

θείος

oom

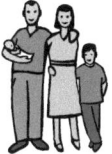

αδελφός

broer

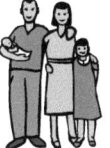

αδελφή

zus

σώμα
lichaam

μέτωπο
voorhoofd
μάτι
oog
ώμος
schouder
δάχτυλο
vinger
πρόσωπο
gezicht
πιγούνι
kin
χέρι
hand
πόδι
been
στήθος
borst
βραχίονας
arm

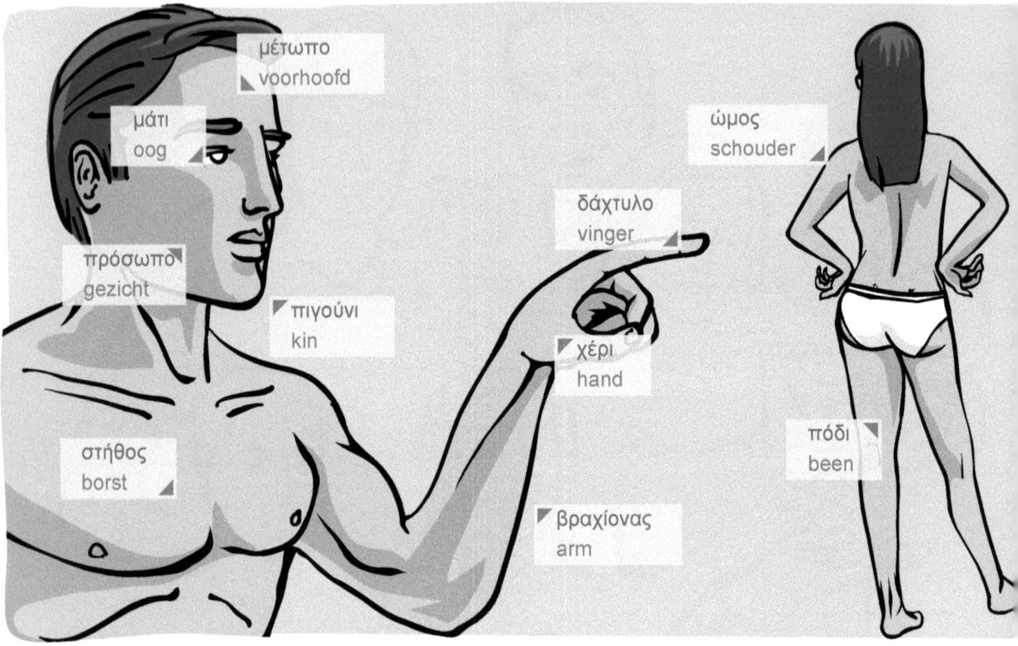

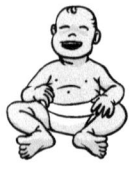

μωρό

baby

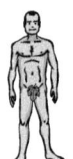

άνδρας

man

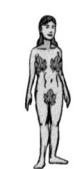

γυναίκα

vrouw

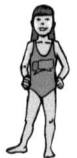

κορίτσι

meisje

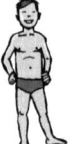

αγόρι

jongen

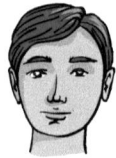

κεφάλι

hoofd

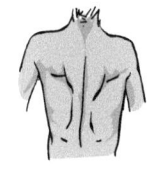

πλάτη
rug

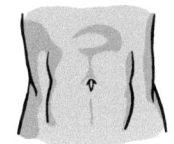

κοιλιά
buik

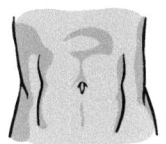

αφαλός
navel

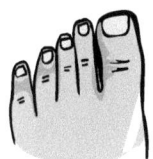

δάχτυλο ποδιού
teen

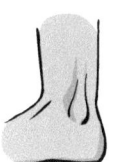

φτέρνα
hiel

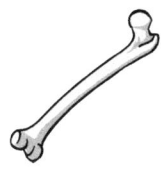

κόκκαλο
bot

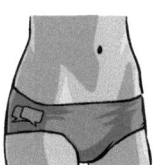

γοφός
heup

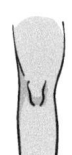

γόνατο
knie

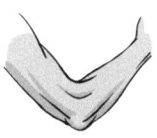

αγκώνας
elleboog

μύτη
neus

γλουτός
achterwerk

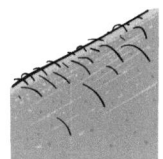

δέρμα
huid

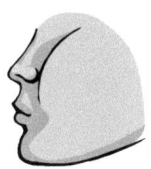

μάγουλο
wang

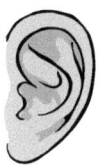

αυτί
oor

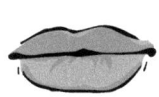

χείλος
lippen

σώμα - lichaam

στόμα

mond

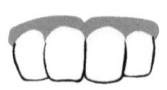

δόντι

tand

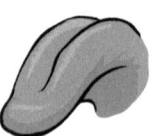

γλώσσα

tong

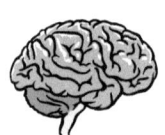

εγκέφαλος

hersenen

καρδιά

hart

μυς

spier

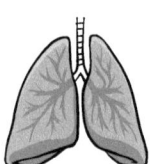

πνεύμονας

long

συκώτι

lever

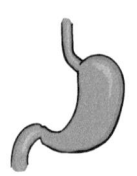

στομάχι

maag

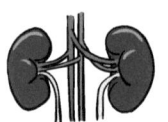

νεφρά

nieren

σεξουαλική επαφή

geslachtsgemeenschap

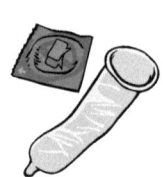

προφυλακτικό

condoom

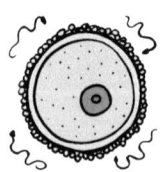

ωάριο

eicel

σπέρμα

sperma

εγκυμοσύνη

zwangerschap

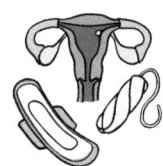

περίοδος
menstruatie

γυναικείος κόλπος
vagina

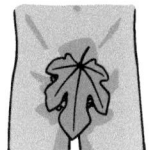

πέος
penis

φρύδι
wenkbrauw

μαλλιά
haar

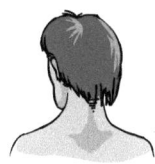

λαιμός
hals

σώμα - lichaam

νοσοκομείο
ziekenhuis

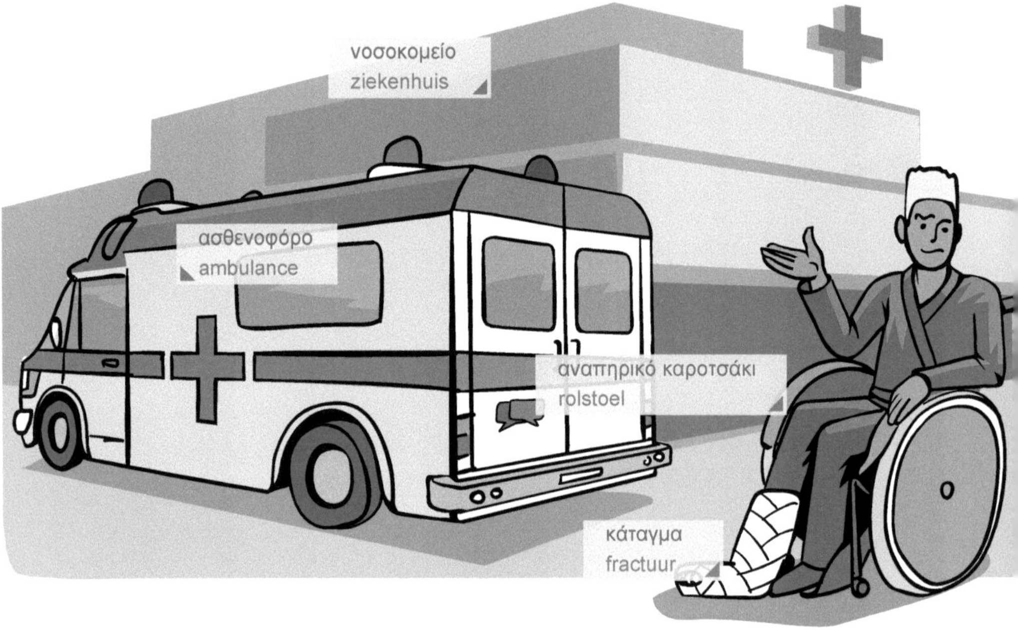

νοσοκομείο
ziekenhuis
ασθενοφόρο
ambulance
αναπηρικό καροτσάκι
rolstoel
κάταγμα
fractuur

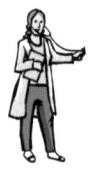

γιατρός

dokter

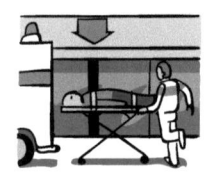

μονάδα εντατικής θεραπείας

EHBO

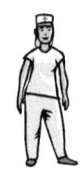

νοσοκόμα

verpleegster

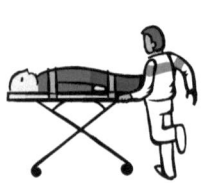

έκτακτη ανάγκη

noodgeval

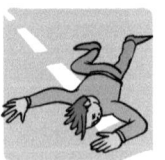

λιπόθυμος

bewusteloos

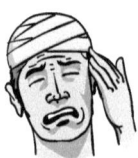

πόνος

pijn

τραύμα
verwonding

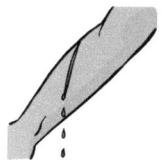

αιμορραγία
bloeding

έμφραγμα
hartaanval

εγκεφαλικό
beroerte

αλλεργία
allergie

βήχας
hoest

πυρετός
koorts

γρίπη
griep

διάρροια
diarree

πονοκέφαλος
hoofdpijn

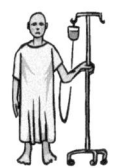

καρκίνος
kanker

διαβήτης
diabetes

χειρουργός
chirurg

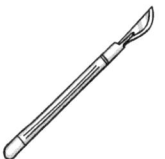

νυστέρι
scalpel

εγχείρηση
operatie

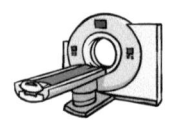

αξονική τομογραφία
CT

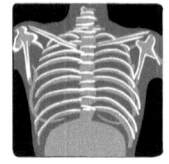

ακτινογραφία
röntgen

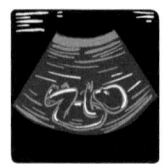

υπέρηχος
echografie

μάσκα
gezichtsmasker

ασθένεια
ziekte

αίθουσα αναμονής
wachtkamer

πατερίτσα
kruk

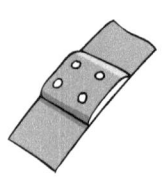

χάνσαπλαστ
pleister

επίδεσμος
verband

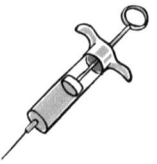

ένεση
injectie

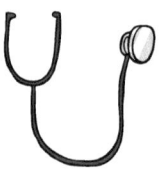

στηθοσκόπιο
stethoscoop

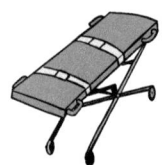

φορείο
brancard

θερμόμετρο
thermometer

γέννηση
geboorte

υπέρβαρο
overgewicht

ακουστικό βαρηκοΐας

gehoorapparaat

αντισηπτικό

ontsmettingsmiddel

λοίμωξη

infectie

ιός

virus

HIV/AIDS

HIV / AIDS

φάρμακο

medicijn

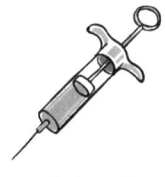

εμβολιασμός

inenting

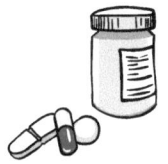

δισκία

tabletten

χάπι

pil

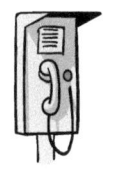

κλήση έκτακτης ανάγκης

alarmnummer

πιεσόμετρο αίματος

bloeddrukmeter

άρρωστος / υγιής

ziek / gezond

Βοήθεια!	συναγερμός	βιαιοπραγία
Help!	alarm	overval

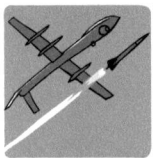		
επίθεση	κίνδυνος	έξοδος κινδύνου
aanval	gevaar	nooduitgang

Φωτιά!	πυροσβεστήρας	ατύχημα
Brand!	brandblusser	ongeluk

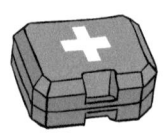		
κουτί πρώτων βοηθειών	SOS	αστυνομία
EHBO-koffer	SOS	politie

Ευρώπη

Europa

Βόρεια Αμερική

Noord-Amerika

Νότια Αμερική

Zuid-Amerika

Αφρική

Afrika

Ασία

Azië

Αυστραλία

Australië

Ατλαντικός Ωκεανός

Atlantische Oceaan

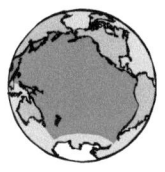

Ειρηνικός Ωκεανός

Stille Oceaan

Ινδικός Ωκεανός

Indische Oceaan

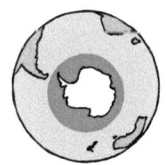

Ανταρκτικός Ωκεανός

Zuidelijke Oceaan

Αρκτικός Ωκεανός

Noordelijke IJszee

Βόρειος Πόλος

Noordpool

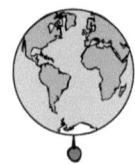

Νότιος Πόλος

Zuidpool

Ανταρκτική

Antarctica

Γη

aarde

γη

land

θάλασσα

zee

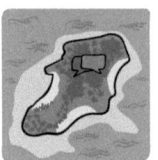

νησί

eiland

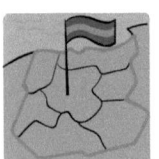

έθνος

natie

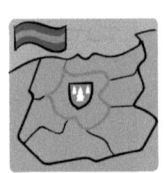

πολιτεία

staat

καντράν ρολογιού

wijzerplaat

ωροδείκτης

uurwijzer

λεπτοδείκτης

minutenwijzer

δείκτης δευτερολέπτων

secondewijzer

Τι ώρα είναι;

Hoe laat is het?

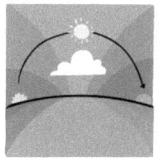

ημέρα

dag

χρόνος

tijd

τώρα

nu

ψηφιακό ρολόι

digitaal horloge

λεπτό

minuut

ώρα

uur

εβδομάδα
week

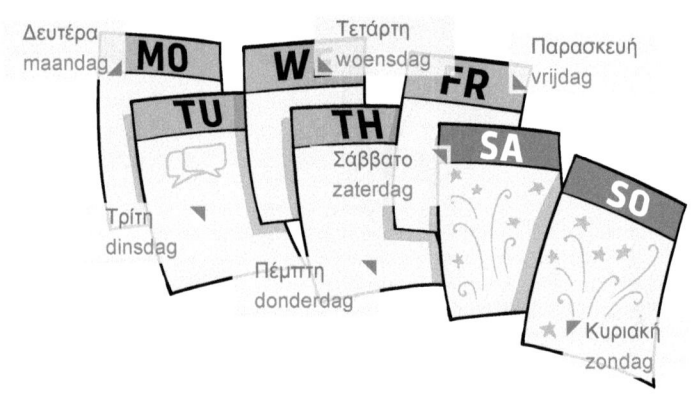

χθες

gisteren

σήμερα

vandaag

αύριο

morgen

πρωί

ochtend

μεσημέρι

middag

βράδυ

avond

MO	TU	WE	TH	FR	SA	SU
1	2	3	4	5	6	7
8	9	10	11	12	13	14
15	16	17	18	19	20	21
22	23	24	25	26	27	28
29	30	31	1	2	3	4

εργάσιμες ημέρες

werkdagen

MO	TU	WE	TH	FR	SA	SU
1	2	3	4	5	6	7
8	9	10	11	12	13	14
15	16	17	18	19	20	21
22	23	24	25	26	27	28
29	30	31	1	2	3	4

Σαββατοκύριακο

weekend

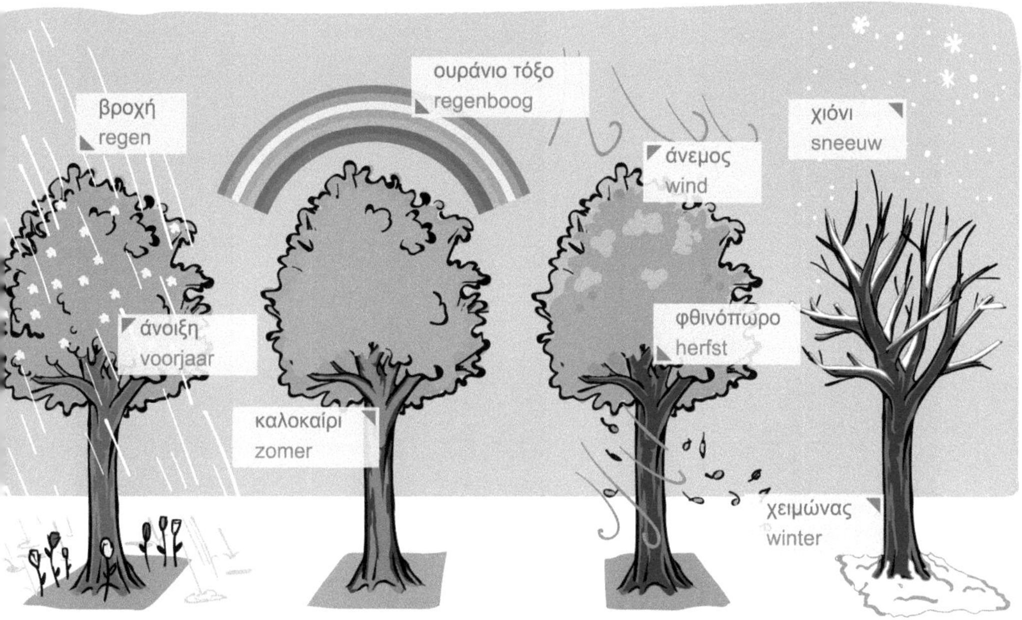

βροχή
regen
ουράνιο τόξο
regenboog
άνεμος
wind
χιόνι
sneeuw
άνοιξη
voorjaar
φθινόπωρο
herfst
καλοκαίρι
zomer
χειμώνας
winter

4.APRIL 11°
5.APRIL 4°
6.APRIL 13°
7.APRIL 8°
8.APRIL 10°

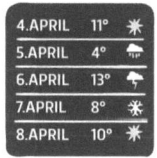

πρόγνωση καιρού

weerbericht

F C
120 40
90 30
60 20
30 10
0 0
-30 -10
-20

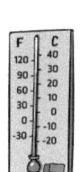

θερμόμετρο

thermometer

λιακάδα

zonneschijn

σύννεφο

wolk

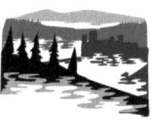

ομίχλη

mist

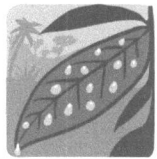

υγρασία

luchtvochtigheid

αστραπή

bliksem

κεραυνός

donder

καταιγίδα

storm

χαλάζι

hagel

μουσώνας

moesson

πλημμύρα

overstroming

πάγος

ijs

Ιανουάριος

januari

Φεβρουάριος

februari

Μάρτιος

maart

Απρίλιος

april

Μάιος

mei

Ιούνιος

juni

Ιούλιος

juli

Αύγουστος

augustus

έτος - jaar

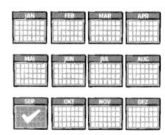

Σεπτέμβριος
....
september

Οκτώβριος
....
oktober

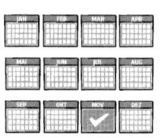

Νοέμβριος
....
november

Δεκέμβριος
....
december

κύκλος
....
cirkel

τετράγωνο
....
vierkant

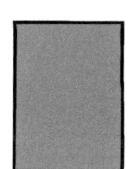

ορθογώνιο
παραλληλόγραμμο
rechthoek

τρίγωνο
....
driehoek

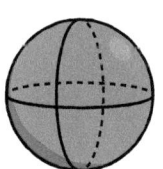

σφαίρα
....
bol

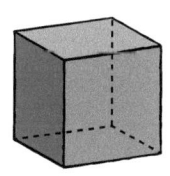

κύβος
....
kubus

άσπρο

wit

κίτρινο

geel

πορτοκαλί

oranje

ροζ

roze

κόκκινο

rood

μωβ

paars

μπλε

blauw

πράσινο

groen

καφέ

bruin

γκρι

grijs

μαύρο

zwart

πολύ / λίγο

veel / weinig

θυμωμένος / ήρεμος

boos / rustig

όμορφος / άσχημος

mooi / lelijk

αρχή / τέλος

begin / einde

μεγάλος / μικρός

groot / klein

φωτεινός / σκοτεινός

licht / donker

αδελφός / αδελφή

broer / zus

καθαρός / λερωμένος

schoon / vies

πλήρης / ατελής

volledig / onvolledig

ημέρα / νύχτα

dag/ nacht

νεκρός / ζωντανός

dood / levend

φαρδύς / στενός

breed / smal

βρώσιμος / μη βρώσιμος

eetbaar / oneetbaar

κακός / ευγενικός

gemeen / aardig

ενθουσιασμένος /
βαριεστημένος

opgewonden / verveeld

παχύς / λεπτός

dik / dun

πρώτος / τελευταίος

eerste / laatste

φίλος / εχθρός

vriend / vijand

γεμάτος / άδειος

vol / leeg

σκληρός / μαλακός

hard / zacht

βαρύς / ελαφρύς

zwaar / licht

πείνα / δίψα

honger / dorst

άρρωστος / υγιής

ziek / gezond

παράνομος / νόμιμος

illegaal / legaal

έξυπνος / χαζός

intelligent / dom

αριστερός / δεξιός

links / rechts

κοντινός / μακρινός

dichtbij / ver

καινούριος /
μεταχειρισμένος
nieuw / gebruikt

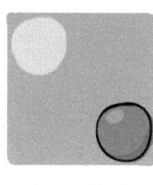

τίποτα / κάτι
niets / iets

γέρος | νέος
oud / jong

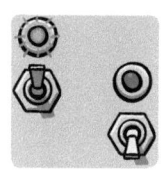

αναμμένος / σβηστός
aan / uit

ανοιχτός / κλειστός
open / gesloten

χαμηλόφωνος /
μεγαλόφωνος
zacht / luid

πλούσιος / φτωχός
rijk / arm

σωστός / λανθασμένος
goed / fout

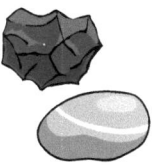

τραχύς / λείος
ruw / glad

λυπημένος / χαρουμενος
verdrietig / gelukkig

κοντός / μακρύς
kort / lang

αργός / γρήγορος
langzaam / snel

υγρός / στεγνός
nat / droog

ζεστός / δροσερός
warm / koel

πόλεμος / ειρήνη
oorlog / vrede

0

μηδέν

nul

1

ένα

één

2

δύο

twee

3

τρία

drie

4

τέσσερα

vier

5

πέντε

vijf

6

έξι

zes

7

εφτά

zeven

8

οκτώ

acht

9

εννιά

negen

10

δέκα

tien

11

έντεκα

elf

12
δώδεκα
twaalf

13
δεκατρία
dertien

14
δεκατέσσερα
veertien

15
δεκαπέντε
vijftien

16
δεκαέξι
zestien

17
δεκαεφτά
zeventien

18
δεκαοκτώ
achttien

19
δεκαεννέα
negentien

20
είκοσι
twintig

100
εκατό
honderd

1.000
χίλια
duizend

1.000.000
εκατομμύριο
miljoen

Αγγλικά

Engels

Αμερικάνικα Αγγλικά

Amerikaans Engels

Μανδαρίνικα Κινέζικα

Chinees Mandarijn

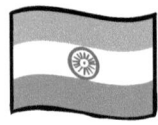

Χίντι

Hindi

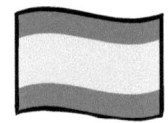

Ισπανικά

Spaans

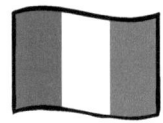

Γαλλικά

Frans

Αραβικά

Arabisch

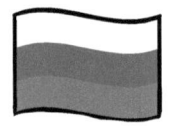

Ρώσικα

Russisch

Πορτογαλικά

Portugees

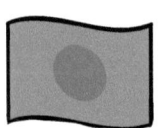

Μπενγκάλι

Bengalees

Γερμανικά

Duits

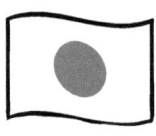

Ιαπωνικά

Japans

εγώ

ik

εσύ

jij

αυτός / αυτή / αυτό

hij / zij / het

εμείς

wij

εσείς

jullie

αυτοί / αυτές / αυτά

zij

ποιος / ποια / ποιο;

wie?

τι;

wat?

πώς;

hoe?

πού;

waar?

πότε;

wanneer?

όνομα

naam

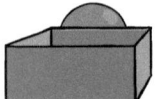

πίσω

achter

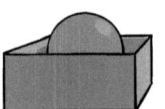

μέσα

in

μπροστά

voor

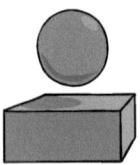

πάνω από

boven

πάνω

op

κάτω

onder

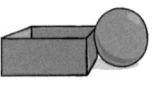

δίπλα

naast

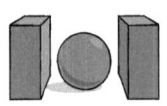

ανάμεσα

tussen

μέρος

plaats